Lebenskrisen · Lebenschancen
– eine Buchreihe,
in der Menschen aus eigenem Erleben
oder aus Anteilnahme am Schicksal eines anderen
versuchen, Ereignisse und Empfindungen
aufzuzeichnen und zu reflektieren,
die zu einem Wendepunkt im Leben führten.
Ob die Ursache der Krise
psychische oder körperliche Erkrankung,
das Scheitern einer Partnerschaft,
die Geburt eines behinderten Kindes
oder der Tod eines nahestehenden Menschen war –
sie wurde zum Anlaß, das Leben zu überdenken.

Über dieses Buch Von einer Minute zur anderen kann sich unser Leben ändern. Was uns bisher wichtig erschien, wird bedeutungslos. Unauffällige Alltagshandlungen sind plötzlich nicht mehr ohne Hilfe zu bewältigen. Jedem kann das durch Unfall oder Krankheit widerfahren, unabhängig von Alter oder Beruf. Aber sind wir darauf vorbereitet? Haben wir gelernt, Abschied zu nehmen?
Dieter Menninger wurde von einem solchen Schicksal getroffen. Während einer dienstlichen Besprechung erlitt er einen Schlaganfall, der ihn jäh aus seinen Aktivitäten riß und zu einem stillen Beobachter machte. Aber still ist nicht stumm, und so berichtet er von seinem neuen, behinderten Leben, von seinen wichtigen Erfahrungen mit dem Abschiednehmen. Mit einem ausgeprägten Sinn für Realitäten, mit starkem Engagement für Umwelt und Mitmenschen und mit kritischem Verstand nimmt er sein neues Leben in Angriff, und trotz aller Einschränkungen kann er auch Positives sehen. Vordergründiges ist für ihn zerbrochen, und etwas vom ewig Gültigen hat an Gewicht gewonnen.
Dieter Menningers Bericht wird ergänzt von dem seiner Frau, die erzählt, wie sich durch seine Krankheit auch für sie vieles veränderte.
Ein tröstliches Buch ist hier entstanden, das Not nicht leugnet, aber trotzdem Mut macht, genau hinzusehen, sich auseinanderzusetzen und daraus persönlichen Gewinn zu ziehen. Denn, so Dieter Menningers Erkenntnis, hinter jedem Abschied wartet Neues, das des Erlebens wert ist.

Der Autor Dieter Menninger, geb. 1921, lebt in Overath/Rheinland. Er war Fernsehredakteur und -regisseur (über 50 sozialkritische Fernsehfilmberichte in Zusammenarbeit mit Gottfried Gülicher). Vor seiner Erkrankung war er u. a. Ehrenvorsitzender des Rheinisch-Bergischen Naturschutzvereins; 1. Vorsitzender Landschaftsbeirat der Höheren und Mitglied der Obersten Landschaftsbehörde in Nordrhein-Westfalen sowie Kuratoriumsmitglied der Deutschen Umweltstiftung.

Dieter Menninger

Lerne Abschied nehmen

Protokolle eines Schlaganfalls

Fischer
Taschenbuch
Verlag

Lebenskrisen · Lebenschancen
Lektorat: Anke Rasch

Originalausgabe
Veröffentlicht im Fischer Taschenbuch Verlag GmbH,
Frankfurt am Main, Juni 1992

Umschlaggestaltung: Buchholz/Hinsch/Hensinger
Umschlagfoto: Ernst Haas, ›Norway‹, Transglobe Agency
Gesamtherstellung Clausen & Bosse, Leck
Printed in Germany
ISBN 3-596-11089-0

Für Utz Utermann

Inhaltsverzeichnis

Teil I

Ein trauriges Buch? Nein!

Es ist geeignet
für Kranke, die in Not sind –
für Grüne, die ihre Chancen zerreden –
für Professoren, die im Fernsehen klugschwätzen –
für Krankenschwestern, die sich unterbezahlt fühlen –
für Bauern, die biologisch anbauen –
für Programmdirektoren –
für überzeugte Schulmediziner –
für Staatsanwälte, die Anzuklagende suchen –
für Krankenhausbesucher –
für Vertreter der chemischen Agrikultur –
für Schlaganfallpatienten –
für Naturschützer, die alles besser wissen – und
für Menschen, die von einer Minute zur anderen von Liebgewonnenem Abschied zu nehmen haben.

Vor dem Schlaganfall

Es ist alles ganz selbstverständlich. Ich gehe die Treppe vom Garten zur Garage hinunter. Die Treppe ist noch nicht mein Feind. Ich steige in mein Fahrzeug ein. Um 18 Uhr habe ich in Düsseldorf eine Besprechung im Ministerium für Umwelt, Raumordnung und Landwirtschaft. Rechtzeitig fahre ich aus dem Bergischen Land ab, weil der Kölner Ring erstickt an den explodierenden Zulassungszahlen für Personenkraftwagen, jedem sein eigenes Auto, und der Lastwagenstrom gegen alle Vernunft ständig wächst. Was scheren die Automobil- und Güterfernverkehrslobby Erstickungsanfälle? Und ich – zutiefst erschrecke ich im Blechstrom vor mir selbst. Wie aus einem Hubschrauber sehe ich mich da unten klein in der Ameisenkolonne – Mitfahrer, Mitmacher, Mitverpester – mit, mit, mit.

Noch ahne ich nicht, daß heute mein Leben von einer Minute zur anderen sich entscheidend ändern wird. Ich sitze in meinem Stahl-, Blech- und Kunststoffgehäuse. An der Autobahn 4 zwischen Overath und dem Merheimer Kreuz gleiten kranke Bäume des Königsforstes an mir vorüber. Baumwipfel, die gegen den Himmel streben, sind abgekippt, anklagend zu Fragezeichen geformt, so als ob die Nadelhölzer nicht begreifen wollen, daß sie Krankheit trifft, für die sie nichts können. Wie ich von dem russischen Pilger auf seinem Weg durch unfreundliche Krüppelwälder nach Krasnodeisk gelernt habe, nutze ich auf der Autobahn die Zeit zu sprechen wie er: »Herr Jesus Christus erbarme Dich meiner.« Bei HERR JESUS CHRISTUS atme ich, wie es der Pilger lehrt, ein, bei ERBARME DICH MEINER aus. Da ich bewußt atme, schließe ich den Lüftungshebel vor den Abgasen. Ja doch, ja, ich benötige noch ein paar Meter, um den Lastzug zu überholen – ein böses Spoilergesicht ist aggressiv dicht aufgefahren. Vergebung, ich kann nicht schneller fahren. Der Fahrer weiß nicht, daß ich bete. Erbarme Dich meiner – und seiner. Neben mir, vor mir, hinter mir rasende, rote, weiße, graue, grüne Blechgehäuse. Sie lassen nicht zu,

daß man wahrnimmt, in ihnen sitzen Menschen; die bangende Frau, die zu einer Untersuchung in die Universitätsklinik fährt, der Vertreter für Software, der um eine Reklamation bangt, der Diplom-Biologe, der wieder vergeblich vom Arbeitsamt kommt, der Neunzehnjährige, der durch ein Sportlenkrad zum Todesfahrer motiviert wird, die Frau, die ihre Einsamkeit im Apartment 1517 in Chorweiler mit dem Verlassensein im Blechstrom auf der A 3 getauscht hat.
Leverkusener Kreuz. Die Asphaltbahn greift sich verbreiternd in letzte Waldbestände. Bagger räumen sterbende Landschaft aus. Der fünfte Gang läßt mich in eine erbarmungslose Monotonie gleiten; vorbei an verlogenen landschaftspflegerischen Ausgleichsmaßnahmen, vorbei an immer den gleichen Böschungen, an Brückenpfeilern, auf deren Beton Aggression in gespritzten Parolen schreit.
An diesem Tag, der mein Leben verändern wird, ist mir die ausgeräumte Welt zwischen Köln und Düsseldorf nicht fade Gewohnheit. Sie liegt wie mit grellen Fernsehscheinwerfern ausgeleuchtet vor mir, anklagend, drohend, kalt, unser Inneres ausbetonierend. Zwischen Solingen und dem Hildener Kreuz ist plötzlich ein Traum aus der vergangenen Nacht da. Nie denke ich sonst an Träume zurück. Gehört er zur Vorbereitung auf das Ereignis, das mich erwartet? Ist er Ouvertüre, Warnung, Alarm, pathologischer Vorgang? Mir träumte, ich gehe am Rande eines zerschossenen Dorfes entlang. Es ist ein fremdes Dorf mit einem schmutzigen Teich, mit Lehmhäusern und traurigen Telegrafenstangen. Die Wege versinken in Morast und Tierkot. Und plötzlich sinke ich ein – immer tiefer –, und die schwarze Brühe droht über mir zusammenzuschlagen. In etwa 300 m Entfernung sehe ich eine Gruppe von Soldaten in blaugrauen Uniformen mit Schirmmützen stehen, die sie in den Nacken geschoben haben. Maschinenpistolen baumeln an ihren Schultern. Ich schreie um Hilfe. Sie hören mich, aber sie blicken weg. Sie lassen mich untergehen. Die Brühe schwappt über mir zusammen. Es wird dunkel. Ich erwarte verzweifelt Gott, wie versprochen, wenn wir sterben. Dann werde ich nicht verstehend aus Schlamm und Dunkelheit entlassen.
Am Hildener Kreuz biege ich nach Düsseldorf ab. Bei Erkrath blicke ich nach rechts, wie zwangsläufig, wenn ich hier

vorbeifahre, zu dem Naherholungsgebiet »Unterbacher See«. Es ist ein rekultiviertes Kiesgrubengelände, das auf Initiative von Wilhelm Richartz entstanden ist.
Von Kindheit an habe ich eine Abneigung gegen Kiesgrubengelände, besonders, wenn sie in der Mittagssonne gelangweilt, sich harmlos gebend, abstoßend wie ausgezogene Weiber auf Illustriertenseiten daliegen. Gefährlich schillert das angesammelte Wasser, in dem Plastikeimer, Matratzen, Autoreifen treiben. Ich muß an Lindental bei Leipzig denken. Dort begegnete ich als Junge der ersten Grube. Sie übte auf manche Kinder aus unserer Straße und meiner Schule eine merkwürdige Anziehungskraft aus. Sie gingen dort hin, um gefährliche Mutproben zu machen. Ich mußte mit, und ich hatte Angst. Ich schrie noch lauter als die anderen und sprang vom Grubenrand auf nachgebende Sandreste in die Tiefe, um meine Angst nicht zu zeigen. Die anderen, denen das alles nichts auszumachen schien, die sich aufspielten in der Gefahr, waren mir zutiefst zuwider. Sie blieben mir später im Krieg fremd, und heute verabscheue ich die amerikanischen Supermänner in den Filmen, die sich gegenseitig in ihre Gesichter schlagen, als ob ein menschliches Antlitz dazu geschaffen wäre. Warum sprang ich mit in die Kiesgrube? Warum passen wir uns den Springern und Kraftprotzen an? Warum, mit, mit, mit?
Wilhelm Richartz hat aus dem Kiesgrubengelände bei Erkrath den Unterbacher See mit Badestrand geschaffen. Natur aus dritter Hand. Der Großhandelsvertreter und Importmakler kämpfte sein ganzes Leben lang für den Schutz seiner heimischen Landschaft und ihrer Tier- und Pflanzenwelt. Sein gesamtes Vermögen, 7 Millionen DM, hinterließ er 1981 den Naturschutzverbänden. Gut, daß er nicht mehr erfahren hat, daß diese Hinterlassenschaft den Naturschützern nicht nur gut bekam. Ein konkurrierender Umweltverband – obwohl er selbst mit einer Million bedacht war – nahm sich Rechtsanwälte, dem Rheinisch Bergischen Naturschutzverein seine Erbschaft von einer Million abzujagen. Die Opferwilligkeit und der Zusammenhalt der Mitglieder wurden durch die Millionen geschwächt. Warum müssen wir immer wieder im Morast versinken und andere sehen unbeteiligt zu?

Einfahrt nach Düsseldorf. In Zweier- und Dreiereihen geht es auf Blechfühlung vorbei an flachen roten Backsteinbauten der medizinischen Universitätskliniken zur Linken, abwechselnd mit Hochhaustrakten die Patientenbunker. In einem der Backsteinbauten ist die Krebsstation der Frauenklinik untergebracht. Immer, wenn ich hier vorbeifahre, erinnere ich mich an die Worte einer Schwester, die sie mir anläßlich eines Besuches sagte: »Auf unserer Station geht es rein äußerlich gesehen ruhiger und ausgeglichener zu als auf den anderen Stationen.« Warum? Werden wir still, wenn wir uns unter Skalpell und Strahlen zu strecken haben, ausgeglichener, wenn wir uns ausgeliefert fühlen?
Ich muß mich durch die ganze Stadt quälen, um das Umweltministerium zu erreichen. Berufsverkehr. 17.30 Uhr. Berliner Straße. Welch eine Welt haben wir uns geschaffen? Stoßstange an Stoßstange, Schaufenster neben Schaufenster, Waren über Waren, die wir nicht brauchen. Aufdringliche Begleiter der Begehrlichkeit, die uns mit ihren optischen Reizen überfüttern. Haben, haben, haben. Ein Habenwollen, das arm macht. Leer. Materialfülle, Lederjacken, Flakons, Porzellanhunde; alles Gemachte bedrängt, duftet, bellt und lenkt ab vom Träumen, vom Besinnen, vom Vermögen, durch den hauchdünnen Schleier zu blikken, der uns von jenseitigen Welten trennt.

Noch 83 Minuten

Von der Berliner Straße aus sieht man keinen Himmel mehr, nur spiegelnder Marmor der Westdeutschen Landesbank zieht vorbei, und die Zeiger der sich drehenden Leuchtzifferblätter auf dem Hochhausdach der Sparkasse markieren die Stunde. Sie deuten mir nicht an, daß sich in 83 Minuten mein Leben wandeln wird. Mitten in dem Lärm, im Abgasgestank unter der Dunstglocke auf den Straßen ohne Himmel, vorbei an den Schildern »Flugplatz – Kaiserswerth – Duisburg« denke ich mich auf die Piste, die nach Kigalli, die Hauptstadt von Ruanda, in Afrika führt. Es ist wohl, weil man dort um die vergleichbare Zeit einen Abendhimmel sieht mit Wolkengebirgen, die, Verheißung in Farbspielen offenbarend, Hoffnung schenken auf einen angstlosen Übergang, ja Sehnsucht wecken, sich selbst in Hingabe aufzulösen. Die am Straßenrand gehenden Menschen mit schwarzer Hautfarbe, die hochaufgeschossenen vom Stamme der Watussis und die gedrungenen vom Geschlecht der Bantus, winken den Fremden zu, erwarten einen Gruß, hoffen, beachtet zu werden.

Ich habe noch nie in meinem Leben so vielen Menschen, auf dem Kopf Lasten tragenden Frauen, Männern, Kindern, Alten zugewunken, ihre Hände gedrückt, zurückgegrüßt, zurückgelächelt. Als ich wieder nach Europa kam und in Brüssel landete, erstarrte meine winkende Hand, zerbrach das Lächeln, und ich lernte wieder sehr schmerzhaft und schnell, an den Begegnenden, den anderen vorbeizusehen. Ich blickte auch nicht mehr nach oben, da kein einladender Himmel mehr zu sehen war.

Ich biege in die Kasernenstraße ein, die Zeit drängt, weil ich vor der Besprechung noch eine Tasse Kaffee trinken will, noch einmal die Namensliste der Gesprächsteilnehmer durchgehen und mir ihre Gesichter in die Erinnerung rufen muß. Dann eile ich zum Ministerium. Ich nehme es für ganz selbstverständlich, daß ich den Fußgängerüberweg mit schnellen Schritten überqueren kann. Fahrstuhl, Sitzungszimmer im 11. Stock. »Guten Abend, Frau Doktor, Herr Professor, Herr Präsident, Herr Staatssekretär, guten Abend, Herr Minister.«

Die Tagesordnung:

Feuchtwiesenschutzprogramm (Stand der Stiftung Naturschutz-Planung)

Umsetzung des neuen Paragraphen 20c Bundesnaturschutzgesetz in Landesrecht

Zusammenarbeit zwischen ehrenamtlichem und amtlichem Naturschutz

Die Besprechung läuft. Etwa 19.40 Uhr steht der Satz »Naturschutz und chemische Landwirtschaft« im Raum. Mein Thema, mein Anliegen. Mein Herz klopft im Hals und drängt auf die Zunge. Es drängt mich, das Wort zu ergreifen, mich zu bekennen, herauszuschreien, worum es bei den Auswirkungen der intensiven Landwirtschaft, der chemischen Agrikultur auf die Natur in Wahrheit geht.

»Herr Minister, Herr Staatssekretär, meine Damen und Herren – es geht um das lautlose Sterben unserer Tier- und Pflanzenarten. Kleinlebewesen fallen verkrampft in Chemiewolken. Falter taumeln in den Tod. Würmer werden von Herbiziden bis in die Tiefe des Bodens verfolgt. Das Grundwasser wird vergiftet. Es geht um das eiskalte Ausräumen der Landschaft. Es geht um die Massentierhaltung in der Intensivwirtschaft. Es geht um die Angst der Tiere, die schon vor den Mauern des Schlachthofes in Transportern auf die Knie brechen, Streßtod durch inhumane Überzüchtung, die sich auf Verbraucherwünsche beruft. Das alles ist jedermann in unserem Lande bekannt. Es ist der Mediengesellschaft bewußt, wie wir mit unseren Lebensgefährten, den Tieren und Pflanzen, umgehen, den Kälbern, den Schweinen, den Hühnern, den Wildpflanzen, dem Gartenrotschwanz, den Schmetterlingen, der Käferwelt. Aber wir lassen zu, daß die Macher weitermachen können wie bisher!«

Das Sterben um uns beschleunigt sich. Auf den Teppichböden der Chemieverwaltungsgebäude hört man den Tod nicht laufen. In der Neonlichtfülle der landwirtschaftlichen Forschungs- und Untersuchungsanstalten fällt sein bleiches Dabeisein nicht auf. Die geschminkten Maskengesichter der

Sekretärinnen nehmen in repräsentativen Empfangshallen seine Anwesenheit nicht wahr. Die Herren Justitiare und die Publicrelationsmacher wissen um das große Sterben, aber sie verdrängen es. Sie sind die bewußten Weitermacher. Der smarte, wohldotierte, fernsehgewandte Herr Professor von Zimmer 511 vertritt seine »sachgerechten« Thesen und verachtet das von ihm mitzuverantwortende Sterben in der Natur als gefährliches, emotionales Geschwätz und eine dümmliche Unterstellung Nichtswissender. Der junge, nicht mehr so sichere Assistent auf 511 a versucht, sich mit überholtem Gelernten vor der Mitschuld zu drücken.

»Guten Morgen, dunkelblau uniformierter Herr Pförtner, ich habe einen Termin bei Professor Dr. Dr. Siebenlist.«

»Bitte 18. Etage, Fahrstuhl 3, Pestizidforschung im linken Flügel, rechts sitzen die Halmgenetiker.«

»Vielen Dank.«

Nein, nicht unsere Bauern sind die Schuldigen. Es ist der Ungeist der chemischen Agrikultur, der sich auf den Feldern austobt. Sie geben Millionen für ihre Slogans aus, für ihre Glanzpapierprospekte, ihre Spritz- und Düngeanweisungen, für das dichte Netz, unter dem sie die Bauern halten, um ihre Wirtschaftsform zu rechtfertigen, an der sie gut und sicher verdienen. Sie sind die Manager des Totentanzes, Wissenschaftler ohne Weisheit und Erbarmen, emotionale Ideologen einer nicht mehr zu verantwortenden Anbauideologie. Oder begreifen sie nicht, was sie anrichten? Sind sie nur engstirnige diplomierte Landwirte, wohldotierte Gehaltsempfänger, die eingebunden sind in ein Machtsystem, das mit allen Tricks arbeitet, um die Entwicklung einer modernen zeitgerechten ökologischen Landwirtschaft zu verhindern? Sie haben dem Bauern seine menschliche Beziehung zum Baum, Vogel, Käfer, zum Regenwurm, zur Brennessel aberzogen. Sie vernichten eiskalt die Klein- und gefährden skrupellos die Mittelbetriebe. Sie legen Flächen still, um die verbleibenden Ländereien auch in aller Zukunft intensiv bewirtschaften zu können.

Gut gemacht, Herr Professor, Ihr Referat in der evangelischen Akademie, in dem Sie erklären, daß Qualitätsunter-

schiede im Gesundheitswert der Produkte aus chemischem und ökologischem Landbau wissenschaftlich nicht zu beweisen sind. Mit Ihren Methoden natürlich nicht.
Gut erzählt, Herr Bauernverbandsfunktionär, Ihr altes Märchen, daß ohne Chemie die Welternährung zusammenbricht.
Und unsere Politiker in der Landwirtschaft? Ihnen gehöre unser Mitleid. Sie wagen es nicht, eine Kehrtwende einzuleiten, weil sie die Machtlobby der chemischen Agrikultur fürchten. Wer aus der Reihe tanzt, ist weg vom Wahlzettel, Bildschirm, raus aus dem Ministeramt. Glasklar zeichnet sich mir vor der Redekulisse des Diskussionskreises im Ministerium für Landwirtschaft die Situation ab. Das Gerede um Kompromisse höre ich plötzlich ganz fern. Es klingt wie Magnetophonbänder, die im Schnellgang rückwärtslaufen. Aggression und Resignation klopfen mir bis in die Ohren. Längst blicke ich an meinem Gegenüber vorbei aus den Fenstern im 11. Stock des Ministeriums. Der ausdruckslose Großstadtabendhimmel wird zu einer Monokultur, die sich am Horizont verliert. Auf ihr bewegt sich ein Traktor, der Biozide ausbringt, und in der Chemiewolke sehe ich auf dem Traktor einen kleinen Menschen hocken, der wohl ein Bauer sein soll. Traktor und Mensch fahren ins Nichts. Hinter ihnen fallen Kleinlebewesen tot zu Boden.
Der abendliche Dunstschleier über Düsseldorf wird unter der Monokultur zu Grundwasser, das sich mit giftigen Rückständen anreichert.

Der Schlaganfall

In mir wächst Angst. Ich möchte gegen den Traktor, der unaufhaltsam tuckert, anschreien, aber ich habe keine Stimme mehr. Vor mir steht ein Glas mit Mineralwasser, aber ich kann es nicht erreichen. Der Kugelschreiber gleitet mir aus der Hand, und die Hand fällt auf mein Knie. Ich will den Arm wieder heben, aber er läßt sich nicht heben. Ich will das rechte Bein, auf dem die Hand liegt, bewegen, aber es hört nicht auf meine Bewegungsbefehle. Die Angst wächst. Ich höre monotone Stimmen »Ohne Chemie bricht die Welternährung zusammen. Belastungen der Nordsee mit Stickstoffdünger – lachhaft. Vergleichende Qualitätsforschung brauchen wir nicht. Alles gleichwertig. Gleichwertig. Gleichwertig.«
Viel später werde ich erfahren, daß mein Gehirn jetzt unsichtbar hinter der Stirn blutet. Dann höre ich meine eigene Stimme ganz fern: »Ich brauche Hilfe.«
Ich weiß nicht, was mit mir geschehen ist. Ich nehme aber wahr, was mit mir geschieht. Aufspringende Kollegen. Der Minister ist als erster bei mir. Er faßt zu. Er trägt mich in ein Büro mit einer Liege. Daß mein rechter Arm und mein rechtes Bein kraftlos werden, wird mir nicht bewußt. Arm und Bein sind nicht ohne Gefühl. Ich sehe, daß die Kollegen mich umstehen. Ich empfinde, daß einige mir nahe sind, andere sich abschirmen. Die Fragwürdigkeit, das ständige Bedrohtsein der menschlichen Existenz beherrschen das genormt ausgestattete Konferenzzimmer des Ministeriums. Es tut mir gut zu empfinden, daß die unsere Zeit kennzeichnende unpersönliche, eisige Manageratmosphäre wie weggeweht ist, das armselige Autoritätsgehabe, das zur Abwehr der Interessen zugeordneter, nicht ausgesuchter Partner dient, in sich zusammenfällt. Für wie lange? Wann kehren sie alle, die um mich sind, zurück zu ihrem genormten Benehmen, wann legen sie die Selbstbestätigungsmasken wieder an? Wann wird der junge, ehrgeizige Ressortchef sich wieder absetzen und seine Ungerührtheit, die zum Füh-

rungsstil in unserem von Erfolg diktierten System gehört, demonstrieren? Wann werden der betroffene Minister und der besorgte Staatssekretär den durch schicksalhaftes Geschehen in einer Routinesitzung verlorenen Abstand wieder herstellen? Wann werden die Herren Vorsitzenden der Naturschutzverbände, die zwar *eine* Sache zu vertreten haben, aber untereinander sinnlos konkurrieren, wieder von dem Hang nach Eigenbestätigung beherrscht werden? Wann werden sie alle, die Funktionäre der Land- und Forstwirtschaft, des Gartenbaus, der Waldbauernverbände wieder gescheit aneinander vorbei diskutieren und keiner dem anderen zuhören in dem Bewußtsein, vor Ort weiterzumachen wie bisher, so wie es die Verbands- und persönlichen Interessen auf Kosten der Natur erfordern?
Der Notarztwagen ist da. Das Geschwader in Weiß übernimmt mich. Ich werde festgeschnallt auf der Bahre. Leben Sie wohl, Herr Minister, Herr Staatssekretär, meine Freunde. Fahrstuhl abwärts. Auf Schienen wird meine Trage durch rote Türen in den weißen Wagenraum geschoben. Bin ich jetzt geborgen oder ausgeliefert? Die roten Türen fallen blechern zu. Sie schließen sich für einen Abschied, auf den ich nicht vorbereitet bin. Noch weiß ich nicht, wie endgültig er ist.

Notaufnahme

Sind Sie schon einmal mit einem dünnen Tuchmäntelchen bekleidet bei 32 Grad Kälte in einem Militärlastwagen über einen Knüppeldamm in Rußland geschickt worden, voller Angst bis zum Hals, daß der Knüppeldamm in der klirrenden Winternacht jeden Augenblick unter Feindfeuer geraten kann? Alles Inventar in dem Lastwagen schlägt, staucht und rappelt so laut, daß man den heranpfeifenden Tod durch Granaten nicht hört. So wie vor 46 Jahren in dem LKW fühle ich mich in dem Notarztwagen von heute angstvoll frierend. Er gleitet nicht lautlos, gut gefedert über die Düsseldorfer Straßen. Die Beatmungsgeräte und Sauerstoffflaschen rappeln wie die Gewehre in ihren Halterungen damals im Kessel von Demjansk. Zwei weiß gekleidete, junge Begleiter sprechen über ihren Dienstplan von morgen und daß sie freie Tage tauschen wollen und streiten, wer wen wann vertritt. Ob sie noch wissen, daß ich angeschnallt voller Angst zwischen ihnen liege?
Einfahrt in den Krankenhausbereich. Notaufnahme. Jeder Griff der beiden sitzt. Vielleicht müssen sie so unpersönlich sein, um ihren Arbeitsalltag ertragen zu können, oder hat sie unsere Zeit so computerhaft gemacht, so präzise teilnahmslos?

Bett auf dem Flur

Untersuchungsraum schmal, weiß. Ich werde umgepackt von einer Liege auf die andere. Es wird mir noch immer nicht bewußt, daß mir jede Bewegungskraft fehlt. Ich fühle meine Arme und Beine. Sie sind nicht taub. Noch weiß ich nicht, was mit mir geschehen ist. Ich denke, warum müssen Notaufnahmeräume so bedrohlich wirken, so todesnah, so kalt. Warum gibt es keine wärmende Farbe an den getünchten Wänden, kein tröstliches Bild. Der noch junge Arzt ist einfühlsam. Seine Untersuchung zielsicher. Ich bin plötzlich zu Tode erschöpft. Ich sehne mich nach Ruhe, einem Zimmer mit einer attraktiven lächelnden Schwester, wie es mir in den bunten Prospekten der privaten Krankenversicherungen versprochen ist. Weit entfernt höre ich die Stimme des Arztes: »Es ist auf den Stationen leider kein Bett frei. Die Intensivstation, auf der Sie zunächst versorgt werden müssen, ist überbelegt. Wir müssen Ihr Bett auf den Flur stellen.« Großstadtkrankenhaus! Akademisches Lehrkrankenhaus Ende der achtziger, Anfang der neunziger Jahre. Kein Bettplatz für einen Notfall! In mir wächst die Angst, und dann empfinde ich, wie mich eine tiefe Depression erfaßt und zudeckt. Ich fühle mich ausgeliefert.

1961 drehte ich als Fernsehredakteur, zusammen mit Gottfried Gülicher, für das Abendprogramm der ARD die kritische Fernsehfolge »Wer hilft uns morgen?«. Damals, vor 26 Jahren, machten wir Notstände bewußt, um Abhilfe zu schaffen. Wir zeigten schwerkranke Patienten, die auf den Fluren in ihren Betten liegen mußten. Originalton eines Betroffenen auf die Frage, wie er sich fühle: »Furchtbar schlecht, weil keine Fenster hier sind, und immer zieht und lärmt es – im Gang gehen die Türen auf und zu. Unerträglich!«

Heute, Jahrzehnte später, werde ich in die Besuchernische eines Ganges auf der Intensivstation gefahren. Die Transfusionsgestelle rappeln mit. Die sicher hochqualifizierten Pflegekräfte nehmen die Lautstärke ihrer nächtlichen Konversation nicht zurück. Bin ich überhaupt da? Gibt es mich? Doch! Ich werde an Tropfflaschen angeschlossen und verkabelt. Irgendein Medikament macht mich unendlich gleichgültig. Ich lasse eine Welt hinter mir, die ich nicht mehr liebe. Immer wieder erscheint jemand Fremdes in Weiß und macht sich an mir zu schaffen. Alles scheint mir umsonst gewesen zu sein: Notstände in Krankenhäusern anzuprangern, gegen Pestizide zu kämpfen, dem Knabenkraut, Apollofalter und Rotschwänzchen Lebensraum erhalten zu wollen. Meine Seele flattert wie ein gedankenlos geopferter Vogel gegen das Rotlichtschild Notaufnahme, um mich herum – fremd und weit – rauscht das geschäftige Treiben einer medizinischen Versorgungswelt, die nichts mit mir gemein hat.

Irgendwann in der Nacht spüre ich vertraute Gesichter über mir, meine Frau ist da, meine Familie. Ich möchte meinen rechten Arm heben, aber er läßt sich nicht heben. Es ist, wie wenn auf der Fährfahrt über den mit Abwässerschaum bedeckten Fluß Styx sich vom anderseitigen Ufer strahlende Sonnenblumen über mich neigen.

Werde ich noch einmal davonkommen? Es strömt eine tiefe Ruhe in mich ein, auch wenn ich unfähig bin, mich zu bewegen. Ich habe meine Frau da, meine Kinder. Auch wenn sie mich bald wieder allein lassen müssen in meinem Bett vor dem Flurfenster des Krankenhauses, durch das ich den ersten Lichtschleier eines neuen Tages aufdämmern sehe. Er macht eine Mauer sichtbar und die märzkahlen Äste eines Baumes. Ich möchte jetzt kein moderner »Single« mit austauschbaren, bindungslosen Beziehungspersonen sein, die wegbleiben können, wenn man daliegt, wie jetzt ich. Erschöpft schlafe ich im Flur der Intensivstation im Marienhospital Düsseldorf ein.

Guten Morgen, Baum

Der Baum ist da. Guten Morgen, kahler Hinterhofbaum. Vielen Dank, daß du da bist. Ich habe in dir einen Partner, mit dem ich denken, reden, empfinden kann. Mit der Mauer kann ich es nicht. Es ist schlimm, wie man nicht nur rechts und links der A 4 heute mit euch Bäumen umgeht. Bei Vilkerath im Bergischen Land steht oberhalb der Bundesstraße 55 eine Siedlung. Diese Siedlung wird hell und freundlich geprägt durch eine Birkenallee. Als Vertreter des Naturschutzes war ich in einer Versammlung, in der ich mich bemühen mußte, die Forderung einer Gruppe von Bewohnern abzuwehren, die Allee abzuschlagen, weil Birkensamen auf dem Balkon ins Bier fallen und die Dachrinnen im Frühjahr verstopft werden. Weg damit! Weg mit wehendem hellen Grün auf weißen Stämmen. Weg mit den die Phantasie der Kinder anregenden Gefährten, weg mit den Sauerstoffspendern nahe der stinkenden B 55. Es wird immer Menschen geben, die eiskalt Bäume abschlagen, die ihnen im Wege sind, und Pflanzen und Tiere ausrotten, um ihre Erträge zu steigern.

Ja, Schwester, wir müssen den Tropftopf wechseln. Und was tropft aus dem da? Decortin 120 mg. Nimotop durch zentralen Katheter mit Perfusor mit Sterofundin zunächst 1 mg/Std. zu steigern auf 2 mg Kortison. Na, wenn schon! Noch kein Platz auf einer Station frei? Herr Doktor, was war und was ist denn nun mit mir? »Wir haben eine Aphasie erlitten sowie eine barchiofacialbetonte Parese. Hirnblutung im Bereich der linken Stammganglien.« Na toll, auf deutsch: einen Schlaganfall mit rechtsseitiger Lähmung des Armes und des Beins. Aha – deshalb rührt sich da nichts.

Baum, erlaubst du, daß ich einmal zutiefst schluchze? Es sind gerade alle weg, und du verstehst das ja.

Auf Station

Ich weiß nicht mehr so genau, ob ich vier oder fünf Tage hinter einem Paravent auf dem Krankenhausflur in Durchzug, Besuchergemurmel und Pflegepersonallautgebungen liegen mußte, aber es kommt die Stunde, da ich in den Fahrstuhl geschoben werde, in dem mich eine türkische Familie umsteht, die, islamisch gefaßt, mit einer Doppelausgabe von der Entbindungsstation kommt. Ich muß unwillkürlich lächeln, ohne das Gesicht zu verziehen, weil ich mich erinnere, daß wir einmal für einen Fernsehfilm einige Bilder von Neugeborenen benötigten. Wir hatten uns in einer Kölner Klinik angemeldet und schleppten die Kameras, die Lampen und Tongeräte auf die Entbindungsstation und leuchteten lange Flure aus. Die Kameras waren aufnahmebereit. »Ton läuft«, meldete der Toningenieur, und mit der Anweisung »Kamera läuft und Ton ab« wurde ein Wagen, beladen mit zehn Paketchen neuer Menschlein von einer wohlbeleibten strahlenden Kinderschwester hereingeschoben. Von dem fahrbaren Tisch blinzelten uns Babies aus weiten Teilen Ost- und Südeuropas an. Da lag wohlverpackt und nicht zu verkennen viermal die Türkei, dreimal Kroatien, zweimal Bella Italia, und weiß und klein lag nur ein kölsches Mädchen dazwischen. Wir aber brauchten Bilder von westdeutschen Säuglingen für eine bundesrepublikanische Gesundheitsstatistik.
»Kamera stop! Licht aus!« Das Gesicht der Schwester, die extra beim Friseur war, klappte herunter. »Dat ist bei uns nu mal hück nich anders.« Vielen Dank. Kölle alaaf. Gut, daß es in den Krankenhäusern Fahrstühle gibt.
Mein Fahrstuhl stoppt auf Station V. Ich werde auf einen langen, dunklen Flur geschoben, der mit einem Fenster abschließt, vorbei an Tischen mit abgeräumtem Geschirr, Medikamentenwagen, Ruflampen, vorbei an einer alten Frau mit offenem Mund auf einer Bahre, hinein in ein Zimmer, hell und freundlich. Im zweiten Bett ein jüngerer Mann hinter einer Bildzeitung mit blutigen Schlagzeilen. Ich hätte

mich gern aus meiner Rückenlage befreit, um mich umzusehen. Es geht nicht. Dann kommt sie – die Stationsschwester. Sie legt mir eine Stütze unter den gelähmten Arm, reicht mir die Schnabeltasse und läßt mich vergessen, daß ich mich nicht bewegen kann. Mein Ausgeliefertsein verwandelt sie mit ein paar ganz schlichten Worten und Handreichungen in ein Empfinden, angenommen, geborgen zu sein.
Der zugige Flur wird Erinnerung, und zaghafte Hoffnung kommt auf. Die Hinterhofmauer sinkt in sich zusammen. Nur die scherenschnittschwarzen Äste meines Winterbaumes bleiben in mir. Er steht vor der Frühlingsblüte.

Fremde unter uns

Ich habe Achtung vor den tiefgläubigen Frauen, die ihr Leben bis ins hohe Alter ganz den Kranken hingeben. Immer wieder durfte ich ihnen begegnen. In einem Hospital 1942 in der Normandie. Als blutjunger Soldat, Besetzer des Landes, wurde ich eingeliefert. Die französischen katholischen Nonnen ließen mich nicht spüren, daß ich ein Feind war. Sie umsorgten mich wie einen Sohn ihres Landes. 1944 wurde ich kurz vor Kriegsende in ein Hospital in den Niederlanden eingewiesen. Der Haß gegen alles Deutsche brodelte um das kleine Krankenhaus mit Ziegelgemäuer. Wieder waren es Nonnen, die jeden Haß von ihrer Insel fernhielten und, nur dem Menschen in Not zugeneigt, halfen. 1947 nach der Gefangenschaft mit Ödemen und Untergewicht wurde ich in ein Krankenhaus zu einer Hypophysenimplantation eingewiesen. Hier waren es Diakonissen, die mich einfühlsam aus Erschöpfung und Depressionen lösten. Heute, in unserer aufdringlichen Konsum-, Überfluß- und Anspruchswelt mit Tarifsätzen und dem 8-Stunden-Tag im Pflegebereich kranker Menschen, sind diese Frauen – ohne auf die Arbeitszeit und ihr Alter zu achten – wie Fremde noch immer unter uns, in unerschöpflicher Zuneigung zum Wesen, das leidet. Wie lange noch? Danke, daß es sie gibt, Schwester Josepha, Schwester Donatha, Schwester Franziska.
Ich lerne von Tag zu Tag, daß Lähmung bedeutet, anderen Menschen ganz ausgeliefert zu sein, bis zu einem für die Menschenwürde kaum noch erträglichen Maß. Wie taktvoll alle Peinlichkeit überspielend, wie leicht, fast fröhlich bewältigen auch die jungen Schwestern der Station, die keinem Orden angehören, ihre schwere Aufgabe.

Gummibrot

Man soll niemals voreingenommen sein. Der junge Mann in Bett zwei ist – obwohl er die Bildzeitung liest – ein hilfsbereiter, bemühter Nachbar, liebenswert. Er fürchtet sich. Er steht vor einer Magenoperation. Morgen wird er auf die chirurgische Station verlegt. Es ist erstaunlich, wie pillen-, tabletten- und skalpellgläubig er ist. Seinen Fehler, sich mit Häämböörgers, Pommesfrites, Kantinenessen und Fertigkostnahrung vollstopfend ruiniert zu haben, erkennt er nicht. »Die weißen Macher werden mich schon wieder hinkriegen.« Mit einer vollwertigen Ernährung sein Wohlergehen zu bessern, kommt ihm nicht in den Sinn, ist ihm auch von seinen Ärzten nicht nahegelegt worden. Seine Werbespotgläubigkeit, sein Abhängigsein von industriegelenkter, mit Professorentiteln aufgewerteter Sprücheklopferei ist erschreckend. Da ich mich nicht mehr bewegen kann, habe ich Zeit, gegen die Zimmerdecke des Krankenhauses zu starren und nachzudenken. Wie lange wird es noch brauchen, bis die Pioniere für eine vollwertige Ernährung den letzten Bürger erreichen? Wie lange noch fallen die Füllstoffesser auf die professoralen Sprüchemacher herein, die fette Honorare von der Fertigkost- und Zuckerindustrie einstreichen? Wie lange noch müssen sie mit langfristig sich bildenden Krankheiten des Magens, der Galle, des Darmes bitter bezahlen? Mein Krankenhausabendessen wird serviert. Nein! Es hat sich seit 20 Jahren nichts geändert. Kraftloses Gummibrot, dick Butter, fettige Wurst, grüne Götterspeise. Es steige der Cholesterinspiegel! 30 Minuten später: Die Pillenration für morgen wird gereicht, darunter schimmern in bleu Tabletten zur Senkung des Cholesterinspiegels.

Daumen, auf geht's!

Ich muß im Bett in eine andere Lage gedreht werden. Ich bin bewegungsunfähig. Es braucht Zeit, das zu begreifen. Was ist mit meiner Seele? Was ist mit meinem Geist? Ich frage: Seele, hast du noch Kraft? Geist, spielst du noch mit? Die Antwort in Zimmer 2 auf Station V, in dem mein bewegungsloser Körper am Tropf hängt, fällt deutlich aus: Laß dich nicht unterkriegen! Vertraue auf uns! Wir fangen dich auf! Du kannst dich jetzt ohne jede Ablenkung ganz um uns kümmern. Endlich. Na, fang doch an zu erinnern, was du gelernt hast. »Herr segne mich und behüte mich, Herr lasse Dein Angesicht leuchten über mir und sei mir gnädig. Herr erhebe Dein Angesicht auf mich und gib mir Frieden.« Dazu brauchst du keine Arme, oder erwecke Shakespeares Verse »Die ganze Welt ist eine Bühne, und alle Menschen sind nichts als Komödianten.« Dazu brauchst du keine Beine – oder Hölderlin »alles Getrennte findet sich wieder«, dazu brauchst du deine Finger nicht bewegen zu können.
Nein, ich bin nicht allein, bewegungslos ausgeliefert, verlassen. Jetzt muß ich von innen heraus strahlen, wenn Besuch kommt, der mich bedauert, und ein wenig lächeln, wenn die alte Schwester naht, um mich zu drehen. Sie braucht das für ihren Alltag.
Nach einer Woche mache ich eine Entdeckung, die ich all denen weitergeben darf, die wie ich einen Schlaganfall erlitten haben. Ich denke an die gelähmten Finger meiner rechten Hand ganz intensiv und erfahre plötzlich, daß sie zaghaft Antwort geben. Sie bewegen sich wenige Millimeter. Dieser Vorgang wird begleitet von einem beglückenden Empfinden: Es gibt Hoffnung, wenn du dranbleibst. Daumen, auf geht's! Mittelfinger, jetzt bist du dran! Kleiner Finger, alter Feigling, komm, beweg dich.

Diagnosegeisterbahn

Der Chefarzt der Inneren Abteilung auf Station V ist kein Halbgott in Weiß. Er gibt auf alle Fragen klare, offene Antworten. Der Professor hat nichts von der smarten Überheblichkeit des routinierten Patientengutverwalters von der Intensivstation. Seine Stationsärztin ist eine Frau, bei der jeder Behandlungsgriff sitzt und bei der man spürt, daß sie nicht eine Sekunde am Krankenbett ohne Anteilnahme handelt. Sie ist eine Ärztin, die keinen Augenblick die Begegnung mit dem Schmerz, der Angst ihrer Patienten verdrängt. Ich bewundere ihre Kraft, ihren notvollen Alltag anzunehmen. Vor dem hinzugezogenen Neurologen, einem kleinen, kontaktarmen Professor, fürchte ich mich. Er möchte am liebsten meinen Schädel öffnen, um zu sehen, wo und wie mein Gehirn blutete. Ich habe das Gefühl, er trägt unter seinem weißen Kittel eine Schädelsäge. Der Chefarzt bremst seinen naturwissenschaftlichen Forschergeist, der diese Welt durchaus nicht immer erträglicher gemacht hat. Vielen Dank.

»Ja, Schwester, was sein muß, muß sein.« Blutentnahme, Halsschlagadersonde, Bettbremsen weg! Ab zur großen Fahrt auf der Diagnosegeisterbahn der modernen Schulmedizin. Fahrstuhl zum Keller, vorbei an weißen Schatten, vorbei an zugedeckten Patienten auf Bahren. Gegenverkehr. Graue Haare auf Kissen. Saugnäpfe und kalte Gurte, noch eine Injektion. Bettenstau auf der Rollbahn zu den Röntgenzellen. Lautsprecher: »Patient Station V Raum 7.« Meine Schwester ist weg. Fremde Gesichter. »Hier mal mit anfassen.« Tischwechsel. Lungenperfusionszintigraphie. Schädel CT. Angiographie der Carotis linksseitig sowie Aufnahme in Schrägprojektion. Auf der Rummelplatz-Geisterbahn halten die Geister Abstand. Hier fassen sie mit kalten Fingern zu. Die Frage »geht's noch?« der weißen Dame, die nach Malborough riecht, ist eine völlig überflüssige. Sie würde ungerührt weitermachen, auch wenn's nicht mehr geht; trotzdem, moderne Gerätemedizin, gut, daß du uns quälst. Ohne dich wären wir zu schnell erlöst von dieser Welt, und wir hängen ja so an ihr, auch wenn wir gelähmt sind oder mit gummigedämpften Stöcken auf ihr herumklopfen. Deine Ergebnisse schenken uns Durchblick durch unsere armen Körper und längere Verweildauer auf dem irdischen Spannungsfeld zwischen Hoffnung und Verzweiflung, Langeweile und Streß, Haß und Liebe, Freiheit und Gefangensein und dem ewigen belastenden Hin und Her unserer eigenen Doppelzüngigkeit.

Ach, da sind Sie ja wieder, Schwester meiner Station. Gott sei Dank. Wie beruhigt bin ich auf dem monotonen Flur, daß sie meine Bahre zurück in den Fahrstuhl schiebt, der nach oben schwebt. Was erwarte ich von Zimmer 2 im fünften Stock? Viel. Es ist im Marienhospital meine Heimat geworden. Wie kann man in unserer Zeit mit der Heimat zahlloser Menschen so gedankenlos umgehen?

11. Tag. Große Zehe am rechten gelähmten Bein. Bist du noch da? Du kannst, wenn ich es will, noch nicken. Ganz knapp und kurz wie ein Vorsitzender, der sich nichts vergibt. Warte nur, in vier Wochen werden wir uns wieder tief verbeugen, wie ein Abhängiger, der Vorsitzender werden will!

Wie es mir ist, muß es einem Käfer sein, der ins Wasser gefallen um sein Leben zappelt; wie einem Wurm, der, auf Betonplatten geraten, auszutrocknen droht. Stets habe ich einem ertrinkenden Wesen meine Finger hingehalten oder dem Wurm mit einem Stöckchen geholfen, auf feuchte Erde zu gelangen. Wird der Herr der Welt sich auch mit einem Stöckchen zu mir neigen?

Erste Besucher

Ich darf nun neben meiner Frau erste Besucher empfangen. Ich habe ein wenig Angst davor, weil mein Kopf nach kurzer Gesprächsdauer so leer, so ausgeräumt ist. Es ist, als ob das immer noch verschreckte Gehirn sich gegen äußere Einflüsse wehrt. Ich höre dann die Worte der Menschen ganz fern, so als ob eine Batterie in mir zur Neige geht. Ich habe nicht gewußt, daß jeder Besucher mindestens einen Menschen kennt, der einen Schlaganfall erlitten hat. Nun weiß ich es. »Ja, der alte Herr ist wieder putzmunter, der war auch rechts gelähmt, der tanzt sogar wieder.« Ja, tanzen will ich ja gar nicht. Ich habe nie gern, geschweige denn gut getanzt, und »die alte Frau Mielenbach, die gar nicht reden konnte und einen schiefen Mund hatte, kann wieder reden wie eh und je.« Mit schiefem Mund? Wie schlimm, die hat schon mit gradem Mund unheimlich viel Unsinn geschwätzt. Na ja, da habe ich ja gute Aussichten. In mir formt sich ein erschreckend böser Gedanke. Wenn ich doch diesem Besucher einen sanften Tritt geben könnte, beckerhaft schnell, so unter der Bettdecke weg aus der Hüfte heraus. Gut, daß mein Bein gelähmt ist.
Ja, und dann erwartet mich eine besondere Freude. Jetzt wird's ernst. Der Staatssekretär aus dem Umweltministerium, in dem ich ehrenamtlich mitarbeitete, der meinen Zusammenbruch miterlebte, sagt sich an. Warum ich mich freue? Weil er sich die Zeit nimmt, zu einem zu gehen, der ihm nicht mehr nützen kann. Wer nimmt sich heute Zeit für einen Nichtsnutz? Jemanden zu besuchen, der vorübergehend ausfällt, der wieder auf die Beine kommt, mit dessen Stimme man im Konferenzsaal wieder rechnen muß, das lohnt sich, dafür kann man im Terminplan ein Loch finden, aber für die anderen reicht die Fleurop. Viele, mit denen ich in den Beiräten und Gremien in den Vereinen besonders vertrauensvoll zusammenzuarbeiten meinte, die sich Gleichgesinnte, Freunde nannten, melden sich überhaupt nicht. Kein Gruß, kein Wort. Es ist lebenswichtig für diese

Demokratie, gut miteinander umzugehen. Eine kalte, politisch routinierte Zweckwelt, wie sie heute vielerorts praktiziert wird, fällt in sich zusammen. Erbärmlich wie die Ehrgeizlinge auf der kommunalen Ebene, wie die Selbstbestätiger in den Vereinigungen und Verbänden heute miteinander umgehen. Die Gefahren von radikalen Gruppierungen von rechts und links sind harmlos für die Demokratie gegenüber dem verzehrenden, Menschen verschleißenden Energieverbrauch, der unseren Staat durch die ichbezogenen Schwätzer und Macher in den Parteien, Gremien und Organisationen bedroht.
Hüte dich vor Menschen in unserem Staat, die vor Humanität triefen und über sie tönen. Sie sind in der Lage, ihren Nachbarn zu verklagen, weil sein Baum Schatten in ihren Garten wirft. Erkenne die breite Masse der Schmalspurpolitiker, die nicht zuhören können und starr auf der Fahrspur ihrer roten, grünen, schwarzen, liberalen Parteiideologie aggressiv dahinrasen und nur ihren persönlichen Vorteil und Machtgewinn über andere im Blick haben. Erbarme dich des Heeres von Christen, die ständig von Vergebung schwätzen und nach der Fliege schlagen, die sie reizt. Sie verzeihen Gegnern, die ihnen wenig anhaben können, aber Vergebung fängt beim Steinewerfer und Todfeind an. Vielen Dank, Herr Staatssekretär, daß Sie gekommen sind. Wir brauchen Politiker, die in ihrem Terminplan Zeit für die Schwachen haben.

Nachbarschaft

Ich bin befördert worden, aus dem Bett an der Wand in das Bett am Fenster. Der Magen ist weg. Jetzt liegt ein Herzinfarkt neben mir. Er ist ebenso still wie ich. Er bewegt sich kaum. Er hat viel Angst. Er ist Ende 40. Beruflich ist er ein Leistungsverweigerer. Er ist als Sachbearbeiter in der Leistungsabteilung einer privaten Krankenversicherung tätig. Er klopft die Paragraphen ab, um Ansprüche zu überprüfen und gegebenenfalls Leistung zu verweigern. Ob deshalb sein Herz nicht mehr mitmacht, weil er ständig gegen sein gutmütiges und verstehendes Gemüt Entscheidungen treffen mußte? Er bedient die Rufanlage für mich, wenn ich sie nicht erreichen kann. Wir verstehen uns auf Anhieb gut. Im Krankenhaus lernt man, daß es viel mehr Menschen, mit denen man auskommen kann, gibt, als man gemeinhin glaubt. Oder ist es wie beim Tierarzt, wo sich der kranke Boxer plötzlich mit dem Kater im Körbchen verträgt?

Füße zurück! Wadenmuskeln angespannt und lösen! Immer wieder trainieren. Es ist nicht nur eine Wirkung von der Befehlszentrale Gehirn zu den angesprochenen Körperteilen; ich habe das Gefühl, als ob die Befehlsempfänger Muskeln und Nerven in die geschädigten Gehirnpartien zurückwirken und sie wiederum aktivieren. Wenn ich den Kopf nach rechts drehe, kann ich auf die Düsseldorfer Vorortstraße und eine vielbefahrene Ampelkreuzung neben dem Krankenhaus blicken. Ganz klein unten Rotsignal, Fahrzeugketten stehen, Fußgänger laufen los. Grün. Fahrzeugketten rollen, Fußgänger stehen. Gesteuerte Monotoniewelt. Was haben wir aus uns gemacht? Warum verschärft sich die Monotonie? Warum werden unsere Beziehungen immer kälter und unpersönlicher? Warum wird alle kreative Phantasie kurzatmiger und als bedeutungslos erstickt? Warum brennen die Flammen der Bürgerinitiativen herunter und verlöschen? Warum fühlen wir uns so unwohl, obwohl wir alles haben? Warum leiden wir unter Desinformation, obgleich uns die Medien mit Informationen zuschütten? Wir haben

jedes Maß verloren. Wir lügen uns Menschlichkeit in den Hals und räumen kalt die Welt aus, um hochgejubelte Bedürfnisse zu befriedigen, die uns immer unzufriedener machen. Die Parteien schwätzen von Mündigkeit des Bürgers und fühlen sich angegriffen und gestört, wenn der Bürger den Mund aufmacht, und in einem geübten und gekonnten Doppelspiel werden die Behörden von den Politikern benützt, den Initiativen das Maul zu stopfen.
Wir leisten uns krank. Der Ellenbogentanz wird aggressiver. Das Kundenlächeln der Tänzer aufdringlicher. Unser armseliges bißchen Hiersein wird vom Interessen-, Vorteils- und Gewinndenken beherrscht. Die Inflation an gedrucktem Wort, an Rundfunk- und Fernsehprogrammen nivelliert ihre Qualität und schaltet gewollt die Aussagekraft und regulierende politische Wirkung aus. Mein kranker Nachbar und ich haben uns geeinigt, keinen Fernsehapparat in Zimmer 2 Station V aufzustellen. Wir brauchen Abstand von den täglichen Toten, von den in die Gesichter schlagenden Fäusten, Ruhe von den MG-Salven der Killer, Abstand von den unästhetischen Bettszenen, welche die Intimsphäre des Menschen zutiefst verletzen. Vielen Dank, Herr Programmdirektor, für ihre Pornographie frei Haus, die Sie unter dem Deckmantel, legitime Bedürfnisse des Menschen zu erfüllen, verkaufen. Schaltet die Bedürfniswecker ab! Schwester, ja bitte? Blutdruck und Fieber messen? Ja, bitte. Ich soll eine Schlaftablette nehmen? Ich muß zur Ruhe kommen. Ja, bitte.

Warum ich?

Werde ich je wieder mit Charly gehen können? Charly ist unser Hund. Ich sage bewußt unser Hund. Er ist ganz auf meine Frau fixiert. Wenn wir nach Hause kommen, blickt er an mir vorbei, und nachdem er sie ausgiebig begrüßt hat, wendet er mir noch gnädig ein paar müde Schwanzwedel zu. Er ist ein Lhasa Apso, ein tibetanischer Tempelhund, seit Jahrhunderten gewöhnt, auf naturfarbenen Teppichen in Klöstern herumzuliegen. Er heißt in Tibet »Kleiner Löwe« und paßt die Farbe seines Fells wie ein Chamäleon den Jahreszeiten an. Er ist ein asiatisches Schlitzohr; bei aller klösterlichen Erhabenheit klaut er wie ein Komponist, und wenn er meine Schokolade verdrückt hat, liegt er mit einem abweisend wesentlichen Gesicht da, wie Bismarck, nachdem er die Sozialversicherung durchsetzte. Der Mensch hat immer Sehnsucht nach denen, die er bestimmt nicht sehen kann. Schade, Charly, daß du nicht ins Krankenhaus darfst.

Ich denke auch an meine Katze. Sie hat jetzt keine Beine mehr, die sie umstreichen kann. Sie hält von allen Menschen Abstand, nur ich bin ihre große Liebe. Warum, weiß ich nicht, denn ich bin kein allzu großer Freund von weiblichen Schmusern mit Krallen. Warum lieben wir, was uns nicht liebt, und werden geliebt von denen wir nichts wissen wollen?

Warum habe ausgerechnet ich mitten in der Phase intensiven Schaffens einen Schlaganfall bekommen, ich, der ich keine Risikofaktoren hatte, keinen erhöhten Blutdruck, Nichtraucher und kein cholerisches Wesen bin? Was wissen wir vom himmlischen Computer? Nach fast 2000 Jahren? Nichts!

Nachtschwester

Ich tue es nur, wenn es gar nicht mehr geht. Ich muß jetzt nach der Nachtschwester klingeln und dazu die Rufanlage drücken. Es ist 3.45 Uhr. Ich muß sie bitten, mich von der linken auf die rechte Seite zu drehen. Der monotone Summer im 5-Sekunden-Takt tönt hinaus in die nächtlichen Flure. Seine Lautstärke bedrückt mich. Es kostet mich Überwindung, den Ruf auszulösen. Ich weiß, wie die Nachtschwester mit ihrer gekonnten Hilfe gefordert ist. Zwei Schwerkrankenstationen läuft sie ab. Krebskranke, die Schmerzen haben, Herzinfarkte. Drei Zimmer weiter liegt eine kranke Frau, die mit einer Stimme, die ihr nicht zu gehören scheint, jammert und in die Nacht redet. Im Raum 4 liegt ein alter Pfarrer, der nachts durch den Flur geistert. Sie hat zu entscheiden, ob der diensttuende Arzt sich seiner annehmen muß. Ich höre ihre leisen, flinken Schritte. Sie dreht mich, den 1,90 m langen Mann, mit zwei Griffen im Halbdunkel. Sie gibt mir eine Injektion. Alle ihre Maßnahmen sind sicher.

Gedreht kann ich die Ampelkreuzung sehen. Sie ist gespenstisch leer in der Nacht. Ihr Automatismus läuft weiter. Rot, gelb, grün. Niemand geht. Keiner fährt. Die Injektion wirkt. Grün, gelb, rot. Ich entspanne von einer Welt, die mir immer fremder wird. Ich hebe mich aus der nächtlichen Geschäftsstraße. Fliege einfach über verdrahtete Lampen, über Dächer hinweg. Kein Mensch nimmt wahr, daß ich fliegen kann. Baumgruppen unter mir. Gebirgsketten und jetzt die Küste, endlose Wasserflächen. Mein Atem wird kürzer. Er reicht nicht aus, weiterzufliegen. Er reicht nicht aus. Ich stürze ab in meinen gelähmten Körper. Der rechte Arm, der eben noch schlagender Flügel war, liegt plump neben mir, als ob er nicht zu mir gehört. Rot, gelb, grün. Die stinkenden Fahrzeugkolonnen schieben mit Licht in den neuen Tag und füllen die entlastete Nachtluft mit Abgasen auf. Die schmale, flinke, jetzt blasse, zuverlässige Nachtschwester leert noch die Urinflaschen, bevor sie die Station übergibt.

Ich weiß um die Forderungen dieser Schwestern nach leistungsgerechter Bezahlung und ausgleichender Freizeit, um die eigene Gesundheit zu schützen. Außer Klebepflästerchen und markanten Reden geschieht nichts Entscheidendes, seit Jahren nicht. Ach, was haben wir für eine tolle Marktwirtschaft. Eine soziale? Guten Morgen.

Tag der offenen Tür

Und immer geht die Türe auf. Das ist kein Schlager von Schmalzoptimist Udo Jürgens. Das ist nun mal so im Krankenhaus. Und immer kommt ein anderer herein. Die Schwester zum Fiebermessen, der Pfleger mit der Flasche, die portugiesische Putzhilfe, die grüne Dame mit »Bild« und »Welt«, der Zivi mit den so gesunden Teilchen, der evangelische Pfarrer, die Stationsärztin, der katholische Geistliche und jetzt Tusch: der Chefarzt, die Schwester mit der neuen Tropfflasche. Doppeltusch: die Stationsschwester. Da man von der Nacht noch müde ist, versucht man ein Auge zuzudrücken. Tür auf, der Nächste bitte. Zu Zeiten, in denen kein Mensch in der Bundesrepublik Appetit hat und niemand Hunger verspürt, gibt es Essen. Für viele Kranke ist es gut und bedeutet es Abwechslung, daß, wie ich einmal gezählt habe, sich am Tag dreiundsiebzigmal die Tür öffnet. Als Schlaganfallpatient mache ich die Erfahrung, daß alle Außenreize, die mir früher nichts ausmachten, schwer belastend sind. Ich bin schreckhaft geworden. Die Nerven liegen frei. Ich habe Angst vor fremden Leuten. Ich spüre eine tiefe Erschöpfung gegenüber der lauten, aufdringlichen Welt. Die Abschirmwand, um die beständige Bedrohung unseres armseligen Seins ertragen zu können, ist hauchdünn geworden. Der Tod ist aufdringlich nahe. Das Erleben eines Schlaganfalls, von einer Sekunde zur anderen ausgeschaltet werden zu können, prägt. Wird das Hirnadergeflecht dem Druck standhalten? Und noch etwas, was ich nicht mit den Ärzten, den Schwestern besprechen kann, ist neu in mir. Ich ängstige mich außergewöhnlich stark um andere, die mir nahestehen. Ich traue dem Tod nicht mehr. Wenn mich meine Frau aus dem Bergischen Land besucht, sorge ich mich, daß ein Lastwagenfahrer einnickt und auf die Überholspur zieht. Ich sehe überall die Tricks des alten Meisters voraus. Es ist sehr belastend.

Post ist da

Ich bin wieder in der Lage, Post zu empfangen. Da liegen sie auf meinem Krankenhausbett im Marienhospital, frech, aggressiv, bunt auf Hochglanzpapier gedruckt, Schlagzeilen aus dem Informationsblatt eines Chemiekonzerns. Sie schreien gefährlicher als die blutigen Überschriften in der Bildzeitung meines Nachbarn: Die Chancen der Gentechnik nutzen! Für uns hat die Sicherheit höchste Priorität! Vertrauen durch Offenheit gewinnen! Und da sind ja auch die Pressefotos mit immer den gleichen ausdrucksarmen Managergesichtern. Der smarte, geltungsbewußte Vorstandsvorsitzende in der Mitte, eingerahmt von den Herren Professoren mit dem Namensschild am Revers, damit man sie nicht verwechselt. Offenbacher Aktentaschenträger, die ihre einseitige, im Zweckdenken festgelegte Meinung wohlverpackt in werbewirksame Slogans der Öffentlichkeit präsentieren. Wissenschaftler, die nicht mit sich reden lassen, die nicht zuhören. Verbissene Verfechter der Einseitigkeit, vergleichbar mit ideologisch ausgerichteten Funktionären von Parteien, welcher Richtung auch immer. Menschen ohne Gehörgang zu Herz und Hirn. Sie sprechen die »Tiger im Tank«-Sprache mit der großen Softfrische zwischen den Med-Blend-Zähnen. Die Texte und Bilder auf Hochglanzpapier mit grün unterstrichenen Schlagzeilen, um die Illusion einer Umweltfreundlichkeit zu wecken, gleiten, weil sie so glatt sind, von meinem Krankenhausbett hinab. Ich muß die Schwester bitten, daß sie sich ihrer erbarmt.
Wie tönte der Herr Vorstandsvorsitzende in dem Public-Relations-Blatt seines Pharmakonzerns? »Auch für die Lösung der globalen Ernährungsprobleme spielt die Gentechnik eine wichtige Rolle, da sie es erlaubt, die Eigenschaften von Kulturpflanzen gezielter und schneller als mit den Methoden der herkömmlichen Züchtung und Auslese zu verbessern.« Dabei läßt der Herr Vorstandsvorsitzende jedoch keinen Zweifel daran, daß alles getan werden muß, um diese Technologie sicher und umweltverträglicher einzusetzen.

»Wir sind eines der größten forschenden Unternehmen und verfügen sowohl auf dem Pharma-Gebiet als auch im Bereich des Pflanzenschutzes über große Erfahrungen und Kompetenz.«
Taramtata – taramtata – taramtata.
Immer wieder habe ich in den letzten Jahren in den Evangelischen Akademien Tutzing und Bad Boll, in der Theodor-Heuss-Akademie, neben diesen klugen, auf alleinige Rechthabe getrimmten Professoren ohne Ohren gesessen. Was stört es sie, daß die Regenwürmer von ihren Herbiziden verenden. Was berührt sie, daß sie unser Grundwasser mit Nitraten anreichern, daß sie das Knabenkraut aussterben lassen, daß sie Hase und Lerche auslöschen. Was bewegt sie, daß sie Kreatur, die uns ausgeliefert ist, qualvoll leiden und verenden lassen? Jeder von ihnen müßte ein zweites Schild am Revers tragen, darauf der Preis verzeichnet ist, den wir für ihr Fortschrittsangebot zu zahlen haben. Allergie, Krebs, Depressionen durch Monotonie. Ich habe ihnen immer wieder in die professoralen Gesichter gesehen.
Schlechte Menschen? Böse Menschen? Natürlich nicht. Armselige Anpasser. Händehochnehmer vor den Zwängen des wirtschaftlichen Konkurrenzdenkens in der Welt. Doktorväterabhängige. Kritiklose Lehrmeinungenhörige. Sie lösen die Militärs ab. Sie haben rote Biesen an den Hosen. Sie sind die Generalstäbler des Todes von heute und morgen. Kriege wird es weniger geben. Verletzung und Tod kommen jetzt von den Folgen eines Zweckforschens, das unsere Lebensumstände sichern und bessern soll. Auf meiner Station im Marienhospital in Düsseldorf liegen sie reihenweise, die unter anderem an den Rückständen der Insektizide, der Herbizide, der Pestizide zu leiden haben.
Irgendwann wird auch, wie in Tschernobyl, in Westeuropa ein Kernkraftwerk heiß werden. Vielleicht in Italien, aus dem ich einmal einen schick gestylten Wagen besaß, in dem auf einer nächtlichen, bäumebestandenen, regennassen, kurvenreichen Herbststraße im Münsterland die gesamte Lichtanlage ausfiel. Piff! Oder in Frankreich, in dessen Hotels selten eine Dusche funktioniert und ich schon zweimal den Griff der Wasserspülung in der Hand hatte. Paff! Oder in Deutschland, wo in einem technisch perfekten Theater in

Wagners Lohengrin der verflixte Schwan blockierte. Puff! Es werden dann Tausende zugrunde gehen. Irgendwann werden an entwichenen Genen unzählige Menschen verenden. Der Krieg mit Waffen hat kaum Zukunft. Es lebe der »Professoren-Krieg«.

Schlechte Professoren? Beileibe nicht! Arme, unzulängliche Menschen, Scheuklappengelehrte, die wie jeder ihren persönlichen Interessen dienen, ihrem bißchen Macht, ihrem Häufchen Selbstbestätigung, ihrer persönlichen finanziellen Unabhängigkeit.

»Essen Sie hier in der Akademie, oder darf ich Sie ins Hotel einladen? Ich möchte gern ein wenig mit Ihnen plaudern. Sie fordern eine vergleichende Qualitätsforschung zwischen Produkten aus der chemischen Agrikultur und einem ökologischen Anbau. Vergessen Sie das Ganze. Es gibt keine wissenschaftlich objektive Nachweismethode.« – »Und die bioelektronischen Untersuchungsmethoden, Herr Professor?« – »Das ist unausgereifter Alternativkram, außerdem, was wollen Sie mit den sogenannten ökologischen Anbaumethoden? Wollen Sie, daß die Welternährung durch einen Landbau ohne Chemie platzt? Wollen Sie, daß die Bauern immer wieder malochen müssen wie in Urgroßvaters Zeiten? Wollen Sie, daß alle Landwirte pleite gehen?«

Taramtata, taramtata, taramtata.

Wie meinten Sie, Schwester? Mein Blutdruck sei ungewöhnlich hoch? Wodurch? Warum? Es kommt wohl durch die Post aus einer Welt, in der die Menschen sorglos laufen können.

Beine aus dem Bett

Immer wieder will der Mensch die Beine aus dem Bett nehmen und sich aufrichten, besonders, wenn es ans Sterben geht. Als ich noch sehr jung war, lag ich einmal in einem Kölner Krankenhaus, das auch nach der Maria »Marienhospital« benannt war. Es war ein schmaler, rechteckiger Raum. Zwei Betten standen hintereinander an der Wand. In dem Bett vor mir lag ein älterer Mann. Er sprach nicht. Sein Gesicht war fahl, farblos. Aber ständig versuchte er, sich aufzurichten und die Beine aus dem Bett zu nehmen. Man gitterte ihn ein. Am Nachmittag kam seine Frau mit einem Pfarrer. Sie nahmen zu dritt das Abendmahl. Jesus Christus war natürlich dabei. Mich schlossen sie nicht ein. Als wir zwei wieder allein waren, begann von neuem der Aufstehreflex. Das vergebliche Bemühen, dem Sterben zu entgehen.

Ich war damals tief bedrückt. Warum? Weil ein fremder alter Mann sich schwertat, diese unzulängliche Welt zu verlassen? Weil ich von einem Fremden, mit dem ich kein Wort gewechselt hatte, Abschied nehmen mußte? Weil ich mich sorgte, daß auch ich einmal genauso wie er mich mechanistisch wehren würde, von hier wegzugehen? Als es Nacht war über dem Marienhospital in Köln fuhr man ihn aus dem Zimmer.

»Langsam aufrichten. Ja, so ist es klasse. Und wieder ab. Und auf! Und jetzt nehmen wir zum ersten Mal die Beine aus dem Bett und sitzen. Gut so. Keine Angst, ich halte Sie schon.« Bemüht hält mich die junge Heilgymnastin, damit ich nicht nach rechts – auf dieser Seite kann mich der gelähmte Arm nicht stützen – abkippe. Die Beine fühle ich nicht. Sie baumeln unkontrolliert ins Leere. Trotzdem, die Welt sieht in der Senkrechten hoffnungsvoller aus als in der Waagerechten. »Und wieder ab.« Wie wird es weitergehen? Wird es weitergehen?

»Ja, wir werden in zwei bis drei Tagen versuchen, in einem Sessel zu sitzen und dann aus dem Sessel in den Rollstuhl zu wechseln.« In mir ist Freude und Angst, wie bei einem Kleinkind, das aus dem Liegen in die Sitzphase wächst. Als ich wieder in der Waagerechten bin, denke ich an das Kinderlied »Häschen hüpf – Häschen hat sich ausgehüpft«. Werde ich je wieder hüpfen dürfen?

Vielen Dank für Ihren Besuch

Sie kam gegen 16 Uhr. Eine Mitstreiterin im Naturschutz. Sie brachte ein Glas Honig und Vollkornschnitten mit. Sie schüttelte mein Kopfkissen auf, obwohl ich sie nicht darum gebeten hatte. Dann begann sie zu reden, nicht nur zu mir, nicht nur zu meinem Nachbarn. Sie sprach, als ob eine Versammlung in meinem Zimmer stattfände. Sie sprach zum Fenster hinaus, zu den Leuten, die unten an meiner Kreuzung an der Ampel auf Grün warteten. Sie Vollmerte, sie Jutta von Dittfurtete, während sie ununterbrochen sprach, fummelte sie ab und zu in einer Dritten-Welt-Basttasche herum. Ich versuchte, eine Lücke in ihrem Redestrom zu finden, um zu fragen, ob sie ihr Strickzeug suche. Diese engagierte, bemühte Dame hatte mich viele Abende gekostet, weil, wenn sie anrief, das Gespräch 1½ Stunden dauerte. Mindestens. Dabei war vieles brillant Formulierte, aber auch viel giftig Böses, obwohl sie Presbyter einer Kirchengemeinde ist. Ich habe nichts, gar nichts gegen bemühte Grüne. Nur macht es mich traurig, daß sie dem Naturschutz und dem lebensnotwendigen ökologischen Aufbruch nicht mehr gutzumachenden Schaden zufügen. Sie rühren ihren pubertären, unausgegorenen weltanschaulichen und politischen Gedankenbrei in jedes klare ökologische Konzept ein und verderben so die Speise. Ihr aggressives, auf Personen und Ideologien bezogenes Gezänk erstickt wie eine Monokultur jeden ökologischen Aufbruch. Sie zerschwätzen, zerstricken, zerargumentieren notwendendes Handeln. Merken sie es? Nein. Sowenig wie mein Besuch mit der Dritten-Welt-Tasche es merkt, daß der Herzinfarkt im Bett neben mir schon ganz klein und welk geredet ist. »Der Integrationsprozeß eines soziologischen Gedankengutes mit ökologischer Bildungsentwicklung geht zu langsam. Der Kassenführer weicht vor dem Erwartungsdruck der Mitglieder in unserem Naturschutzverband zurück. Die Priorität einer Regenwürmerexploration ist endlich klarzumachen.«

Klar, klar, klar. Nur, daß ich durch einen Schlaganfall gelähmt und geschwächt im Bett liege, ist dieser liebenswerten Besucherin nicht klar. Ihre triefende Humanität gilt der Dritten Welt – und die ist weit weg. Das arme Schwein, das zum Greifen nahe vor ihr liegt, nimmt sie nicht wahr. Ob ich für ihre Protestliste eine Unterschrift leisten kann? Meine Unterschrift sei für die Sache wertvoll. Leider nein. Mein Arm und meine Hand sind gelähmt. Ich kann zur Zeit nicht schreiben. Vielen Dank für Ihren Besuch.

Rechts und links

Ich war nie ein Linker. Ich war nie ein Rechter. Ich habe stets Angst vor den Einseitigen gehabt. Meine linke Körperhälfte ist vom Gehirn bis zu den Füßen schwächer ausgeprägt: Die Ausdauer der Bewegungsabläufe, die Muskulatur von Armen und Beinen sind links leicht geringer als rechts. Ich bin ein Rechtshänder. Meine größere Geschicklichkeit liegt in der Hand, die ausgefallen ist. Jetzt gilt es, die Kraft und Bewegungsfähigkeit der linken Hand zu stärken, das linke Bein zum Standbein zu entwickeln und die Muskulatur linksseitig zu trainieren, und ich sage es jedem, dem das gleiche passiert wie mir: Verzagen Sie nicht! Es ist spannend und beruhigend zu erfahren, wie unser Körper umzuschalten vermag von rechts auf links, Kräfte zu verlagern und auszugleichen. So wie unsere Hände ständig bereit sind, einander Belastungen abzunehmen; die jeweils Schwächere spielt der Stärkeren zu, die jeweils Stärkere entlastet – ohne sich zu schonen – die Schwächere, ein Wechselspiel, das aus der Ganzheit unseres geistigen, seelischen und körperlichen Seins kommt.

»Und nun von der Bettkante hoch. Das linke Bein übernimmt und leichte Drehung« und plumps, ja, ich sitze, ich sitze im Rollstuhl, zwar noch ein trauriges Häuflein Mensch, aber das Häufchen sitzt. Ich darf zum ersten Mal eine halbe Stunde lang sitzen. Ich werde an einen Tisch geschoben und nehme mir mit der linken Hand eine Tasse Tee. Die gelähmte Rechte liegt entspannt auf der Lehne.

Es ist tröstlich zu beobachten – was mir nie bewußt war –, wie unsere Hände uns täglich zuverlässiges Miteinander vorleben. Ist ein demokratisches Staatswesen nicht auch ein geistigseelisches und körperhaftes Ganzes? Warum schlägt dann die Rechte ständig auf die Linke? Warum läßt die Linke die Rechte, wenn es darauf ankommt, allein? Wir sind unfähig, von uns selbst zu lernen.

Schlaftabletten

Jeden Abend ist mein Näpfchen voll mit roséfarbenen, mit lindgrünen, mit knallgelben Tabletten. Es präsentiert sich Pillenkosmetik à la Werbefernsehen. Seit zwei Tagen lasse ich die pink Gefärbten in einer leeren Streichholzdose verschwinden. Es sind Schlaftabletten. Ich will mich von ihnen nicht abhängig machen, mein Schlafvermögen nicht zu stark dezimieren. Der Verzicht beginnt mir schwerzufallen. Ich hänge mich ab 23.00 Uhr zum Einschlafen mit Kopfhörern an den nächtlichen Schlagertropf. Nachtmusik zum Träumen. Also träumen kann ich da nicht. »Du Blödmann, reg dich doch ab! Sie kommt zurück. Sie taucht urplötzlich wieder auf unter der Mondsichel von Karambaka. Bestimmt! Angewelkte Nelke von Simborno, laß den Kerl doch sausen, der taugt doch nix.«
Dann folgen die La-la-la-babenbabenba-Monotonierhythmen. Sie spiegeln akustisch die trostlose Leere unserer Zeit. Sie hämmern synchron mit dem ratatatam, ratatatam in der Werkshalle einer Hemdenfabrik; arme junge Mutter, acht Stunden lang die gleichen Bewegungen, jeden Tag ratatatam, lalalala, ratatatam. »Monotoniearbeit verblödet nicht« tönen Arbeitsmediziner – Flaschenfüllmaschine ratatatam, lalala, ratatatam, babenbabenba.
Ich sehe sie im nächtlichen Marienhospital vor mir, die Schlagerstars. Alle sind sie da: Die Zitterbeine, die Klopfspinner, die Gummikniewipper, die Gesäßschieber, die Damen und Herren vom internationalen Straffhosen- und Lederjackenverband, die Mikrophonschmuser und die, welche stets mit Hut oder haariger Cowboybrust singen, damit man nicht auf Anhieb merkt, daß sie nicht singen können.
Jetzt hab' ich's. Ich beginne meine Zehen und Finger in die Monotonierhythmen einzustimmen. La, lala, lala, la – Bewegungstraining um 23.50 Uhr. »Was ist denn mit Ihnen los?« – »Nichts, Schwester, nichts.« – »Ich lasse Ihnen besser noch eine Schlaftablette hier.« – »Danke, Schwester, meine Streichholzschachtel ist voll.«

Abgestellt

Sie laufen an mir vorbei, mit langen Beinen, mit kurzen Beinen, mit dünnen Beinen, mit dicken Beinen. Sie klopfen mit Stöckelabsätzen, sie hatschen in Pantoffeln vorüber. Alle können sie laufen. Ich habe keine Beine mehr zur Verfügung. Ich sitze im Rollstuhl. Man hat mich auf dem Krankenhausflur abgestellt, damit ich nach Wochen einmal etwas anderes sehe. Zum ersten Mal wird mir grell bewußt, was mit mir geschehen ist, was mir bevorsteht. Keine Wanderung mehr durch meine geliebte Bilderbuchlandschaft Bergisches Land, kein Spaziergang mehr durch die Kastanienwälder von Cademario auf die Alpe Agra oberhalb von Lugano, kein Bummel mehr auf dem Kurfüstendamm. Nicht einmal den Krankenhausgang auf Station V kann ich entlanggehen bis zur Tür von Zimmer 2. Ich bin darauf angewiesen, daß einer kommt und mich zurückschiebt, da ich auch mit den Händen unfähig bin, den Räderstuhl zu bewegen. Es ist mir plötzlich, als ob eiserne Ringe sich um Geist und Seele legen. Die Luft bleibt mir weg. Ich möchte schreien, aber ich kann nicht schreien. Ich erstarre vor innerem Schmerz. Im Bett war die Hoffnung da, sich aufrichten zu können. Jetzt gibt es keine Hoffnung auf ein Weiter. Ich lasse mich zurück ins Zimmer bringen, mir ist wie einem erstarrten Vogel, dem man das Federkleid seiner Flügel mit Öl verschmiert hat und der ergeben hockt und auf den Tod wartet. Ich habe mich immer über die Ergebenheit von Tieren, die von den Ölpesten dieser Welt betroffen werden, gewundert. So wie sie verhalte ich mich jetzt. Ich ergebe mich.

Bei der Visite schocke ich meinen Professor mit der Frage: »Werde ich wieder laufen können?« Fünf Sekunden Pause. Er blickt zu mir herab und sagt sehr klar, sehr ruhig: »Ich weiß es nicht. Jetzt noch nicht. Wenn die Phase der sogenannten schlaffen Lähmung überwunden wird, sehen wir weiter. Wichtig ist, daß Sie täglich mit der Heilgymnastin üben, damit die Beweglichkeit der Gelenke erhalten bleibt

und die Muskeln der gelähmten Gliedmaßen ihre Fähigkeit behalten, sich zu dehnen. Sie müssen, wenn Ihr schlaffer Arm und Ihr gelähmtes Bein vom Therapeuten bewegt werden, die Bewegung mit dem gesunden linken Arm und Bein aktiv begleitend mitmachen. Damit trainieren Sie Ihr Bewegungs-, Ihr Muskelgedächtnis. Es kommt entscheidend auf Ihren Willen an, ob wir Sie wieder auf die Beine bekommen.« – »Vielen Dank, Herr Professor, für Ihre offene, klare Auskunft. Vielen Dank.«
Die Wahrheit hilft. Sie setzt Kräfte frei.

Die gelähmte Hand

Ich habe niemals Herz und Gedanken in die Tasten einer Schreibmaschine getippt. Immer habe ich mit der Hand geschrieben, Briefe, Manuskripte, Exposés, Abhandlungen, Stellungnahmen. Ich brauche die Hand als Partner, Begleiter, Kritiker meiner Gedanken, die ich zu Papier bringen will. Es ist für die Gedanken – so empfinde ich es – über den Arm zur Hand in den Zeigefinger der natürlichste Weg in die Welt zu gelangen, aufs Papier. Die Hand denkt mit. Die Hand fühlt mit. Sie füllt mit spielerischen Bewegungen die Gedankenpausen aus. Sie wägt ab. Sie streicht zögernd oder energisch unausgereifte Gedanken durch. Ich habe für mich wesentliche Aussagen und Empfindungen niemals diktiert. Ob ich es nicht kann? Doch, ich kann es. Ich war jahrzehntelang Rundfunkreporter im aktuellen Dienst und habe blitzschnell formulieren, agieren und reagieren müssen. Aber ich habe erfahren, daß der Vermittlung unserer persönlichen Gedanken und Gefühle über das Mundwerk Grenzen gesetzt sind.

»Meine sehr verehrten Damen und Herren! Meine lieben Freunde! Liebe Kollegen! Liebe Genossen!« Die Redebrause fließt! »Natürlich – eeh, Herr Professor, haben Sie recht – eeh – aber...« – »Die Sachzwänge« hämmern, »Die Schritte in die richtige Richtung« trampeln, »Die Bereitschaft zum Kompromiß« überschlägt sich. Täglich tönen im Rundfunk und Fernsehen von den Rednerpulten der Parlamente in Veranstaltungen, von den Podien der Diskussionsrunden in den Akademien die Sprechblasen, die perfekten Redewendungen, die Fertiggerichte aus der Gedankenküche, aufgemacht mit medienwirksamen Gags. Erkennen wir die politischen und ministeriellen und wissenschaftlichen Sprüchemacher, die Routiniers und Clowns unter den Rednern, die für uns Verantwortung tragen und gekonnt mit Slogans, glatten Plattitüden, aber auch mit Bibelsprüchen arbeiten oder sich mit karnevalistischen Einlagen tataa, tataa, tataa anbieten. Durchhören und durchschauen wir die Trickroutiniers der sogenannten freien Rede, die um ihrer eigenen Vorteile und Ziele willen ihre Zuhörer bluffen und in gefährliche Begeisterung, in die Aggression oder in die schweigende Resignation führen. Ach, da sind Sie ja wieder, Herr Professor, Ihr wohlvorbereitetes Routinegeschwätz haben wir schon in Tutzing, Gummersbach und Hofgeismar gehört. Werden wir uns bewußt, daß der glänzende Redner meist eine einseitige Begabung darstellt, dessen Formulierkunst nichts über seine wissenschaftliche oder politische Reife und gar nichts über seine menschliche Qualität und seinen Persönlichkeitswert aussagt. Bewahren wir uns vor den Zwecksprechern, den Zufallsbegabungen, die unsere Demokratie zerreden und durch die Medien eine Macht erhalten, die gefährlich für unser Gemeinwesen wird. Erinnern wir uns der ungelenken, aber glaubwürdigen Redner, derer, denen es die Stimme noch verschlägt, und derer, die sich aufrichtig mühen, durchdachtes, erlittenes, ausgereiftes Wort über Geist, Herz und Hand in die Welt zu bringen. Was wird mit meiner rechten Hand? Werde ich je wieder mit ihr schreiben können? Was wird aus mir, wenn sie als Partner ausfällt?

Hoffnung

»Heute geht's zum ersten Mal an die Luft.« – »Ja, Schwester.« Natürlich geht's nicht an die Luft. Schwester *fährt* mich über eine kleine Rampe im Rollstuhl in den Krankenhausgarten. Sie hat mich in Decken eingehüllt. Die Aprilluft ist rauh. Es ist Nachmittag. Die Sträucher sind noch kahl und struppig. Ab und zu tritt eine helle Aprilsonne, kaum Wärme gebend, hinter den Wolken hervor. Die Schwester stellt mich in einer windgeschützten Krankenhausecke zwischen Strauchwerk ab. »Atmen Sie mal schön durch. Ich hole Sie in 20 Minuten wieder rein.« Das Ganze ist mehr ein Hof als ein Garten, Mauern ringsum. Hinter den Mauern Hinterhaushöfe. Ich blicke auf Balkone mit Blumenkästen ohne Blumen und mit Wäschegestellen. Auf den gepflasterten Wegen im Gartenhof laufen Patienten im Kreis in Schlafanzughosen unter Bademänteln. Einige ziehen gierig an einer Zigarette, besonders die jungen Mädchen. Der Lärmpegel auf der vielbefahrenen Straße jenseits der Mauer ist hoch. Ich habe stets tiefe Abneigung gegen einengende Hinterhöfe gehabt. Schon als Kind in der Leipziger Beaumontstraße – nach dem Krieg in Hermann Buddestraße umbenannt – (Wer war Budde? Sicher ein strammer Kommunist) war es eine Strafe für mich, wenn ich im Hof spielen mußte. Ich half mir mit der Vorstellung, mit meinem Roller, auf dem ich kleine Kreise zog, durch eine Drehbewegung an der Lenkstange über die den Hof begrenzenden Hinterhausfronten hinwegfliegen zu können, heraus aus der grauen, sterilen Enge in eine bunte Welt. Ebenso mit Gitterstäben und verschlossenen Toren umgeben war der Schulhof des König-Albert-Gymnasiums gegenüber dem Leipziger Zoo, er wurde wie das Gebäude meiner geliebten Schule im Krieg zerbombt und die Trümmerfläche nach dem Krieg, weil es sich wohl nicht lohnte oder nicht in den Zeitgeist paßte, ein humanistisches Gymnasium wieder aufzubauen, eingeebnet. Dieser Schulhof hat mich ein Leben lang wie ein Alptraum verfolgt. Täglich war ich froh, wenn die Pausen endlich vorüber waren und ich aus dem Hof zu Homers und Hölderlins Versen wieder in das Klassenzimmer mit hohen Fenstern zur Stadt, zur Welt, von der ich Nieerfüllbares erwartete, fliehen konnte. Auch jetzt möchte ich fliehen. Ich habe das Gefühl, die Mauern des Krankenhausgartens rükken auf mich zu. Schnüren mich ein. Das Stück Himmel über mir wird immer kleiner. Nur weg! Aber ich bin im Rollstuhl gefangen. Keine Schwester ist da. Eine Amsel befreit mich. Sie kommt unter dem Strauch zur Linken hervor und flattert von Zweig zu Zweig im Strauchwerk nach oben, Beeren aus dem letzten Jahr pflückend. Mit ihrem Anblick löst sich meine Verzweiflung und wandelt sich zur Hoffnung. Noch ist mir nicht bewußt, welch eine Bedeutung eine Amsel, ein Blatt, ein Käfer, eine Blüte für mein zukünftiges Leben haben werden.

Verlegung

Noch einmal muß ich in den Keller auf die Geisterbahn. Für ein Honorar von 1800,-- DM Schädel-CT-Angiographie der Carotis linksseitig usw. usw. – Dann wird mir eröffnet, daß ich in eine Rehabilitationsklinik überwiesen werde. Natürlich freue ich mich, das Krankenhaus verlassen zu können. Aber so einfach wird es dem Menschen nicht gemacht.
Ich fürchte mich vor der neuen Umgebung. Ich habe Angst vor dem Wechsel des Bettes, des Raumes. So kraftlos, wie ich bin, woanders hinzugehen, scheint mir unmöglich. Die Erschöpfung eines Schlaganfallpatienten ist ein zu Tode Erschöpftsein. Ich fühle mich wie ein aufgeklappter Flügel, dessen ungeschützt offenliegende Saiten willkürlich gezupft werden. Ich habe tiefe Scheu vor neuen Gesichtern. Selbst Freunde und Bekannte möchte ich nicht sehen, weil ihre Unzulänglichkeiten, die mich früher nicht störten, belastend für mich sind. Ich sehe sie nicht mehr hinter der Hülle ihrer Gesichter, nicht mehr unter der Tarnung ihres Seinwollens, ich sehe sie so, wie sie sind. Sie stellen sich mir gleichsam im Röntgenbild dar mit inneren Strukturen, ihren wahren Gedanken hinter Haut und Fleisch, ihrem Geltungsgehabe, ihrer unausgesprochenen Freude, nicht gelähmt zu sein, ihrem verständlichen Drang, möglichst bald aus meinem Krankenzimmer wieder in die erleuchteten lärmenden Straßen entkommen zu können. Sie verletzen mich, wenn sie an mein Bett, an meinen Rollstuhl treten. Ich habe zur schweigenden Kreatur, zu Tieren, Vögeln, Bäumen erträglichere, liebevollere Beziehungen als zum sprechenden Menschen, dessen Gerede mich unerträglich belastet. Und in diesem Zustand soll ich verlegt werden? Andere Menschen sollen meine armselige Schwäche sehen, daß ich nicht mehr laufen und greifen, daß ich nicht allein meine Notdurft verrichten kann, daß ich ihnen ausgeliefert bin?
»Übermorgen zehn Uhr holt Sie der Krankenwagen ab.«

Abschied

Auf Wiedersehen, Schwester Claudia, Schwester Sabine, Schwester Carola. Frau Doktor, Herr Professor, Schwester Donatha. Auf Wiedersehen, Nachtschwester. Vielen Dank. Ich nehme es nicht für selbstverständlich, daß Sie gut zu mir waren. Wir werden uns kaum wiederbegegnen. Merkwürdig, daß der himmlische Computer es so einrichtet, daß uns Verwandte, Freunde, Bekannte, die uns im Grunde wenig bedeuten, ein Leben lang zugeordnet als Begleiter zur Seite stehen, und Menschen, die wirklich Entscheidendes selbstlos für uns tun, zurückbleiben, verblassen, als ob es sie niemals gegeben hätte.
Auf Wiedersehen, stinkende lärmende Ampelkreuzung. Es fällt mir schwer, mich von dir zu trennen. Gefährlich, daß der Mensch Beziehungen zu Dingen aufnimmt, die häßlich und bedrohlich für ihn sind, und daß er sich an eine von ihm selbst geschaffene Welt, die ihn zu vernichten droht, fast liebevoll gewöhnt.

Von Düsseldorf ins Sauerland

Um zehn Uhr trete ich die teuerste Autofahrt meines Lebens an. Die Rechnung erlaube ich mir in einem späteren Kapitel vorzulegen. Fahrer und Begleiter schieben mich auf der Bahre in den von der Rehabilitationsklinik im Sauerland geschickten Krankenwagen. Ich liege so, daß ich durch einen waagerechten Schlitz in der mit Milchglas verkleideten rückwärtigen Autotür einen schmalen Ausschnitt der Straße erkennen kann. Wir fahren auf dem gleichen Zubringer, auf dem ich vor fünf Wochen, als ich noch selbst Auto fahren konnte, nach Düsseldorf kam, zurück. Wir fädeln uns auf die A 3 ein. »Ist alles in Ordnung?« fragt der Begleiter. »Ja, es geht.« Blaue Richtungsschilder mit weißen Pfeilen wischen durch mein Blickfeld. Solingen – Leverkusener Kreuz – Köln Ost. Mir fallen die Augen zu. Die letzte Nacht im Marienhospital war, weil mich Unbekanntes erwartete, eine unruhige Nacht für mich. Motor- und Rädergeräusch wirken. Ich verfalle in einen Halbschlaf. Bensberg geistert im Blickfeld vorbei. Wir fahren an der Abfahrt Overath-Untereschbach vorüber. Hier war es im Jahre 1975: Eine Gruppe von Männern und Frauen erkannte, so darf es mit dem Ausverkauf der Natur im Bergischen Land nicht weitergehen. Sie schlossen sich zu einem Naturschutzverein zusammen und kämpften gegen die geplante Autobahn 31, die von Norden nach Süden sechsspurig das Land durchziehen sollte. Hier links von mir muß Heiligenhaus liegen. Auf seinen Höhen sollte ein Autobahnkreuz A4 – A31 die Landschaft unter Beton verschwinden lassen. Die engagierten Bürger opferten Feierabende und Wochenenden, gingen klinkenputzen und sammelten 24000 Unterschriften gegen die Fehlplanung, erstellten Gutachten, wurden in Bonn vorstellig und erreichten in letzter Minute eine Rückstufung des Autobahnprojektes von der Dringlichkeitsstufe Ia in Ib. Sie wuchsen zu einem Team zusammen: Arbeiter, Lehrer, Ärzte, Handwerker, Professoren, Schüler, Journalisten, Angestellte, Vogelschützer, Botaniker, Experten für Kleinlebewesen, Biologen, Ökologen; Bürger im Alter von 16–70 Jahren, die ihre Heimat vor der Monotonisierung bewahren wollten. Ich durfte dabei sein. Die Erinnerung an Tage des Aufbruchs bewegt mich zutiefst. Der Krankenwagen scheint Einsatzbefehl zu erhalten. Blaulicht an! Er beginnt das Tempo zu beschleunigen. Er rast mit mir in die Vergangenheit. Ja, ja, das war eine alte Formulierung 1975 auf Versammlungen in den Hinterzimmern der bergischen Kneipen. »Wir Naturschützer rasen verzweifelt mit Blaulicht hinter der Entwicklung bei der Ausräumung unserer Landschaft her und stehen am Ziel täglich vor vollendeten Tatsachen« – und dann fühle ich mich plötzlich emporgehoben, ich fliege, ich fliege in einem Hubschrauber über Frankreichs weite Felder und Wälder und schwebe über den Rhein nach Deutschland. Betonkrebs unter mir. Autobahnkreuze, ausufernde Orte, durch Hochhäuser zersiedelte Höhen. Die Flußtäler entstellt, zerstört, gesichtslos gemacht durch Gewerbegebiete. Film ab. Bitte mehr Licht! Mehr Licht! Ja, ich sehe, noch einmal mich befreit fühlend, was wir taten. Schluß mit dem Scheuklappen-Naturschutz. Weg mit dem Botanisiertrommeldenken der alten Vereine. Vogelschützer, Botaniker, Kenner für Ameisenschutz, Schmetterlingsexperten, Biologen, Ökologen und Bürger, welche einfach die Natur lieben, schlossen sich zusammen, um gemeinsam zu wirken. Pioniere für einen ökologischen Landbau stießen dazu. Rechts 'ran an den Bürgersteig! Jawohl, hier wird aufgestellt! Vor dem Supermarkt stoppt unser grün-weißer Informationsbus, den wir mit der Aufschrift NATUR IN NOT gekennzeichnet haben. Eine Firma für Bremsbeläge spendete das Fahrzeug gegen Abschreibungsbelege für die Steuer. Menschentrauben um den Info-Wagen. Fragen über Fragen: Wo kann ich einmal Kröten und Frösche in der freien Natur sehen? Gibt es noch Wasseramseln? Warum ist meine Wiese in den letzten Jahren ohne Schmetterlinge? Wo gibt es Radieschen, die noch nach Radieschen schmecken? Wie kann ich mithelfen? 300 Mitglieder, 600 Mitglieder, 800 Mitglieder. Der Informationsbus steht auf dem Markt in Remscheid, vor der Stadthalle in Solingen, auf dem Wanderparkplatz in Federath. 950 Mitglieder. Unsere Handwerker zimmern einen grün-weißen

Ausstellungsstand. Freiwillige opfern in kalten Frühjahrs- und Herbstnächten ihre Wochenenden und bauen auf Verbrauchermessen den Stand auf. Naturschutz präsent zwischen Mikrowellenherden, Lederjacken, Autozubehör. Der Naturschutzstand ist umlagert. Unsere Experten geben Auskunft. »Wer bezahlt euch denn eure Stunden, die ihr hier absteht?« – »Niemand.« 1400 Mitglieder, 1800 Mitglieder. Sechs, vierzehn, zweiundzwanzig Ortsverbände zwischen Wupper und Sieg gründen sich. Blaulicht aus. Die neuen Naturschützer hören ab sofort vor Ort mit, was von Straßenbauämtern, Handelskammern und Kommunen geplant und wieviel Landschaft verplant wird. Nein, aus der Straße wird nichts! Der Fäkalieneinlauf in den Scherfbach hört auf! Schon wieder eine Talsperre? Nein! Trabantenstadt auf Bergischer Höhe? Gestorben! Ein Naturschutz-Informationszentrum wird errichtet. Eine alte Dame aus einem Seniorenstift hinterläßt 10000 DM zum Einbau einer Küche für Vollwertkost. Biologen, Botaniker, Limnologen halten Seminare ab. 2500 Mitglieder. Und dann geht die Tür auf, und der korrektgekleidete Herr tritt ein. Der Herr mit dem schwarzen Lederaktenkoffer. Er sagt: »Guten Morgen, der Verein hat geerbt.« – »Vielen Dank – zwei- bis dreitausend Mark würden uns guttun.« Der Herr im dunklen Anzug von einer Privatbank aus Düsseldorf verzieht sein Gesicht nicht. Er meldet: »Eine Million DM.« Der Schriftsteller und Unternehmer Wilhelm P. Richartz – Sie erinnern sich, der im Alter von 91 Jahren starb – war ein künstlerischer Mensch mit tiefer Bindung an die Natur. Er lebte in ständiger Zwiesprache mit Bäumen, Gräsern, Tieren, mit seiner rheinischen Heimat. Er vermachte den progressiven Naturschützern im Bergischen Land ein Vermögen, weil sie ihm imponierten, weil sie neue Wege wiesen. Chance und Gefahr für eine Gemeinschaft im Aufbruch! Der Mann in Schwarz mit der Tasche hat mit dem Beifahrer im Krankenwagen getauscht. Er sitzt jetzt neben mir an meiner Trage. Boßgetreßt in Anthrazitgrau. Die Tasche zwischen den Knien, mit starrem Blick geradeaus. Mein Dämmerschlaf wird zum Alptraum. Ich versuche, die schwarze Tasche zu greifen und aus dem Fahrzeug zu werfen, aber mein gelähmter Arm läßt sich nicht heben. Stimmen sind da: »Jetzt schwimmen wir in Geld. Was soll ich noch persönliche Opfer bringen? Was soll ich noch umsonst Seminare halten? Ohne Benzingeld zu Sitzungen fahren, stundenlange Telefonate aus eigener Tasche zahlen?« Nein, hört auf. Wir dürfen uns das, was heute so selten geworden und für die Demokratie lebensnotwendig ist, nicht durch Geld nehmen lassen: Opfer zu bringen für eine sinnerfüllte Zukunft, ehrenamtlich für das Gemeinwohl ohne Entgelt mitzuwirken, als unabhängiger Bürger Fehlentwicklungen bewußt zu machen und den Parteien und Behörden auf die Finger zu klopfen.

Der Mann in Anthrazit wandelt sich wieder in den Krankenwagen-Begleitssanitäter. Ja, ja. Das mit dem Geld wurde geschafft. Aus der Gefahr wurde durch die Gründung eines Fonds außerhalb der Vereinigung eine Chance. Mit seinen Zinserträgen wird die erste Biologische Station eines Forschungsinstituts für Natur- und Umweltschutz im Rheinland aufgebaut. Ich versuche mich auf der schmalen Bahre zur Seite zu drehen. Ich schaffe die Wendung nur mit dem Kopf. Die Autobahnböschung fließt an mir vorüber. Im Strauchwerk sehe ich Gesichter und winkende Hände.

In meinen Halbträumen ist Aufbruchstimmung und tiefe Angst vor ihrer ewigen Fragwürdigkeit. Was wird aus den aufbrechenden Bürgerinitativen? Die Selbstbestätiger springen auf! Persönliche Eigeninteressen werden wach! Juristen sind gefragt und treten jede Phantasie aus. Die Klug- und Dummschwätzer treten auf und dort – lauernde Gesichter in den Böschungsbüschen der A 4. Es sind die Satzungsfetischisten. Der Krankenwagen kommt nicht mehr voran. Er schleicht auf der Standspur dahin, und in breiter Front überholt ihn auf drei Betonbahnen unsere Heckspoilergesellschaft, gnadenlos vorbeirasend an jedem Aufbruchsversuch, unseren Lebensraum und unsere Lebensgefährten, die Pflanzen, Bäume, und Tiere, vor Tod und Vernichtung zu bewahren. Von den 24000 Zeitgenossen, die sich gegen die Autobahn 31 mit ihrer Unterschrift wandten, blieb nicht einmal 1% übrig, die weiterhin bereit waren, sich gegen den Ausverkauf der Natur zu engagieren. Sie haben erreicht, daß das Betonband nicht vor ihrer eigenen Haustür vorbeistinkt und vorbeilärmt. Bon.

Und die progressiven Naturschützer? Sie haben die alten Scheuklappen wieder von den Bäumen geholt und ihre Botanisiertrommeln erneut umgehangen. Tschüß, liebe Zeit eines Denkens und Handelns in Zusammenhängen. Auch die biologisch dynamischen Bauern streiten wie eh und je mit den biologisch Organischen, und die Naturschützer halten es nicht mehr für nötig, sich um die Millionen naturliebenden Laien zu kümmern. Kein Informationsbus steht mehr vor dem Supermarkt oder auf dem Wanderparkplatz. Die Experten in Grün streiten sich wie gehabt, welcher Naturschutzverband die Frösche erfolgreicher über den Zaun hebt. »Ist es Ihnen nicht gut? Die kurvenreiche Strecke hinauf ins Rothaargebirge bekommt vielen Patienten nicht.« – »Danke, es geht schon.« Soll ich ihm erklären, daß die Welt für mich nur in den ach so kurzen Phasen einer Aufbruchstimmung beglückend ist, in der Menschen selbstlos und gelöst etwas Sinnvolles gemeinsam für andere tun?

Die Reha-Klinik

Mein Krankenwagen fährt vor. Ein schickes Portal im Stil einer Hotelkette präsentiert sich, ein Sanatorium in Weiß, die Rehabilitationsstätte aller Kassen im Sauerland, beihilfefähig. Ein Haus der Hoffnung? Noch ahne ich nicht, daß meine Empfindungen wie Wassertropfen auf glühendheißer Kochplatte hinter diesen Mauern tanzen werden. Noch weiß ich nicht, daß unerwartete Erfolgserlebnisse auf mich warten, daß ich dieses helle, von einem Aprilschauer abgewaschene und jetzt in einer grellen Sonnenphase blendende Gebäude nach Wochen fast fluchtartig verlassen werde, daß ich es – so Gott will – nicht wieder betreten möchte, obwohl ich es mein Leben lang in dankbarer Erinnerung behalten werde.

Man trägt mich an der Rezeption vorbei. Ich werde in den Lastenaufzug geschoben. Menschenleere Gänge erwarten meine Bahre und mich. Es ist Mittagszeit. Türe auf! Ein helles, freundliches Einzelzimmer mit Gartenterrasse und Blick in eine parkähnliche Landschaft empfängt mich. Eine selbstbewußte, charmante Schwester – sie könnte auch Chefstewardeß in einem Jumbo sein – stellt sich vor, sorgt für einen Imbiß und ein Sonderbett wegen meiner Länge. Ich werde sehr bald erfahren, daß die Schwestern dieser Klinik noch weit höher qualifiziert sind, als die bestgeschulten Lufthansadamen, und daß sie sich täglich zu bewähren haben, wie Stewardessen, nachdem sie mit 480 Menschen im Dschungel notgelandet sind. Mit freundlichem Blick sagt mir die Schwester – nachdem sie mich mit sicherem Griff in das überlange Bett verfrachtet hat –: »Wir werden wieder auf die Beine kommen!« So, wie sie im Urwald keine Zweifel aufkommen lassen würde, daß der Jumbo – obwohl das Fahrgestell gebrochen ist – sich sehr bald wieder in die Luft erhebt. Dann fährt sie ein Sitzgestell neben das Bett, schwenkt mich rücksichtsvoll und gekonnt in die Horizontale, und schon sitze ich in der metallenen, weißen Räderkarre, und ab geht es, ohne zu blinken, in meine

Naßzelle. Ich lerne, die Armatur trotz der Lähmungen zu bedienen. Wasser von oben! Nach Wochen rauscht die erste Dusche, und obwohl ich mich schlapp wie ein aufzublasendes grünes Gummitier ohne Luft fühle, spüre ich, wie Verzagtsein und Angst an mir ablaufen.
Der Stationsarzt stammt aus Rumänien. Er ist verständnisvoll. Er ist erfahren. Ich habe Vertrauen zu ihm. Der Chefarzt ist Grieche. Er sieht aus, wie Menelaos in meinem Geschichtsbuch auf dem Gymnasium dargestellt wurde. Er könnte auch ein Helmträger sein. Er naht stets mit großem Gefolge und betontem Autoritätsgehabe, obwohl sein Volk die Demokratie erfunden hat.
Die Küche scheint mir deutsch zu sein, weil sie sehr fettig ist, was auch hier wieder durch cholesterinsenkende Mittel ausgeglichen werden soll.
Was mache ich am ersten Abend in einer zur Rehabilitation geschaffenen Welt erschöpft im Bett liegend? Ich lese noch drei Seiten »Heinrich von Ofterdingen« von Novalis. Als ich in der Grotte nach der zarten, blauen Blume greifen will, schlafe ich fest ein.

Rollstühlewelt

Ich habe nie viel von Anproben gehalten. Ich war stets froh, wenn ich sie hinter mich gebracht habe, beim Militär, als Schauspieler beim Theater, in der Konfektionsabteilung eines Herrenausstattergeschäftes. Heute habe ich eine Anprobe besonderer Art vor mir. Es wird mir ein Rollstuhl angepaßt. Erst der fünfte wird meinen langen Beinen in der Sitzhöhe gerecht. Der Rücken muß entspannt anliegen, die Feststellbremse erreichbar sein. So wie in den Uniformrock die muntere Verteidigungsbereitschaft bereits eingeknöpft ist und mit Couchons Bischofsumhang unabwendbare Verbissenheit, die heilige Johanna zu verbrennen, über die Schulter geworfen wird, so wird mit einem Rollstuhl der Fahrzwang programmiert. »Heute mittag rollen wir Sie zum ersten Mal in den Speisesaal!« verkündet der zivildienstleistende Pfleger. Er hat dabei ein undeutbares Lächeln, wie Wärter, die im alten Rom gefangene Christen in den Löwenkäfig zu führen hatten. Er ist übrigens ein sehr bemühter, hilfsbereiter Junge, dem keine Dreckarbeit zuviel ist. Er will Biologie studieren und hatte sich bemüht, seinen Zivildienst im Naturschutz abzuleisten. »Aber das ist nun mal so, wer in den Naturschutz will, kommt ins Krankenhaus oder Altersheim, wer sich für die Alten- oder Krankenpflege berufen fühlt, wird beim Naturschutz eingesetzt«, berichtet er. Wohl aus Gründen sozialistischer Gleichheitsbehandlung, dem preußischen Prinzip, jedes Extrawurstdenken auszuschalten, oder weil in der Zivildienstverwaltung Pazifisten sitzen, die gar nicht so friedlich sind.
11.40 Uhr. Wir müssen los. Türen auf. Aus jeder Zimmertür rollt ein Rollstuhl mit einem Menschen. Alles Schlaganfälle. Vor mir eine alte Frau. Sie hängt ganz schief in ihrem Fahrgestell. Schwestern und Pfleger organisieren einen Konvoi, schieben den einen, lassen den anderen noch stehen, holen ihn nach. Neben mir jetzt ein ganz junger Mann – es darf doch nicht wahr sein –, etwa 25 Jahre alt, mit leerem, apathischem Blick. Ich werde vorbeigeschoben an einer schmalen,

alten Frau. Man hat ihr einen Sabberlatz umgebunden. Sie blickt durch mich hindurch, ihr rechter Mundwinkel hängt herab. Die Kolonne schiebt in Richtung Lastenaufzug. Die adretten Schwestern im Konvoi des Elends sind nur noch Werkzeuge, wie winkende Polizisten in einem Unfallstau. Wir stehen geballt vor dem Fahrstuhl, auf dessen Rufknöpfen eine Schwester nervös spielt. Aber die Fahrstühle gleiten aus den höhergelegenen Stockwerken belegt mit Rollstühlen, ungerührt ob ihres hämmernden Klopfens an die Fahrstuhltür, an uns vorbei in die Tiefe. Endlich gelingt es, durch eine Blitzreaktion einen leer nach oben fahrenden Aufzug zu stoppen. Und nun werden wir schnell gepackt und in Millimeterarbeit hineinrangiert. Vier Rollstühle mit Inhalt vor- und nebeneinander. Ich stehe vorn links mit Blick zur Wand. Nach rechts wage ich nicht zu sehen. Es muß nach der Stimme eine Frau sein. Sie gibt unartikulierte Laute von sich. Es geht abwärts. Der Fahrstuhl stoppt, und wie einer unsichtbaren Macht ausgeliefert werde ich rückwärts aus dem Aufzug herausgezogen und zügig auf einem endlos erscheinenden Gang vorwärtsgeschoben. Wer schiebt mich? Ich weiß es nicht. Es muß eine geschickte Schwester oder ein Pfleger mit Führerschein 1, 2 und 3 sein. Vorbei geht es, fast im Laufschritt, an hohen Fenstern mit Blick auf eine Parkplatz-Betonfläche und jetzt vorüber an Zimmertüren von Mehrbettkrankenräumen. Die Türen stehen offen. Auch dort ist überall Aufbruch sichtbar. Alte Frauen mit langsträhnigen Haaren stehen in wartenden Rollstühlen bereit oder am Gangrand geparkt. Meine Schubkraft hinter mir muß wohl jedes Wochenende auf dem Rummelplatz in Elektroautos üben, ohne anzustoßen der oder die Fixeste zu sein. Wir überholen millimeterscharf andere Rollstühle. Ich denke, wenn ich jetzt die Notbremse ziehe, würde das Wesen hinter mir über mich hinwegschießen. Weitere Fahrstühle zur Linken spucken Rollstuhlgefährte mit Inhalt aus, und von Seitengängen her humpeln Schlaganfälle, die sich an Krücken bewegen, in den Strom ein, der nur eine Richtung kennt, den Speisesaal. Warnlampen an! Stauraum. Nur nicht auffahren in die Hacken eines Rollstuhlschiebers oder in die Krücken eines Schlaganfalls zu Fuß. Go and stop! Wir schieben jetzt langsam eine

Rampe zum Speisesaal hinauf. Da ist er. Eingedeckte Tische. Ach, es sieht aus und duftet wie im Kurhaus in Cademario, wie im Beau Rivage an der Côte d'Azur. Wie tröstlich, daß es in unserem Leben Assoziationen gibt, die uns Unterträgliches erträglicher machen. Mein Schiebegeist steuert auf einen Tisch für vier Personen zu und arrangiert mich mit einem geschickten Schwung an die südliche Kante. Jetzt erkenne ich meine Chauffeuse. Es ist die flotte Chefstewardeß persönlich. Sie stellt mich zum ersten Mal im Speisesaal vor, einer Dame und zwei Herren an meinem Tisch. Der Herr rechts von mir sitzt im Rollstuhl, wie ich, der Herr mir gegenüber hat zwei Krücken unter dem Stuhl liegen, die Dame links von mir nickt mit einem unbewegten, starren Ausdruck. Erst später erfahre ich, daß sie nicht lächeln kann. Ihr Gesicht ist gelähmt. Die beiden Herren bemühen sich, mich freundlich zu begrüßen, sie wollen zwar, aber sie können nichts sagen. Der Schlaganfall hat ihr Sprachzentrum getroffen. Hier beginne ich, mich an dem Vierertisch im großen Speisesaal zu schämen. Immer hatte ich mich in den letzten Wochen nur selbst gesehen, war auf meine Not, meine Lähmung fixiert. Schlagartig wird mir bewußt, daß ich nicht dankbar war, daß ich noch reden kann, daß der lähmende Blutstrom in meinem Gehirn um Millimeter an meinem Sprachzentrum vorbeifloß oder – mein Gott – von Dir vorbeigeleitet wurde, weil Du allein weißt, was wir gerade noch zu erdulden und erleiden vermögen. Ich nehme drei Löffel Suppe und zwei Bissen Gemüse. Ob Signore Alighieri Dante mit im Saal sitzt?

Rückblende

Es ist 22.30 Uhr. Der smarte Archie Goodwyn, Stardetektiv bei Nero Wolf, vertilgt Fritz Brenners einmalige Markklößchen aus gehacktem Rindermark, Semmelbröseln, Petersilie, geriebener Zitronenschale, Salz und Eiern und meint: »Ihr Genuß hat eine sonderbare Wirkung. Sie machen einen sanft wie ein Lamm, und in diesem menschenfreundlichen Gemütszustand würde man sogar seinen schlimmsten Feind mit einem zarten Lächeln begrüßen.« Bevor dieser schlimmste Feind eintritt, klappe ich das Buch von Rex Stout zu. Ich liege in meinem überlangen Bett mit Rücken- und Gesäßschmerzen vom Rollstuhlfahren. Wenn ich dringend Ablenkung von belastenden Gedanken brauche, steht mir Rex Stout zuverlässig bei. Heute schaffen es seine Archie Goodwyn und Nero Wolf nicht.
Die Wände zu den Nachbarräumen links und rechts sind dünn und hellhörig, wie in einem Drei-Sterne-Hotel in Porto Christo. Meine Nachbarin zur Linken hält das Nachtpersonal in Trab. Ich habe sie verbissen in ihrem Rollstuhl sitzen sehen. Sie hadert, daß es ausgerechnet sie erwischt hat. Das »Warum ich?« steht ihr im Gesicht geschrieben. Sie grüßt uns andere Schlaganfälle nicht. Wir spiegeln ihr, wie sie jetzt ohne Beine auskommen muß. Bööööb! Bööööb! Bööööb! Sie läßt sich schon wieder im Bett drehen. Auch ihre Toilettengeräusche muß ich ertragen. Ich tröste mich damit, daß mancher angloamerikanische Hit schlimmer anzuhören und noch dazu unmenschlich ist. Im Zimmer rechts von mir liegt der apathische junge Mann, dessen Blick in ein nicht erstrebenswertes Jenseits gerichtet zu sein scheint. Der Schlag muß ihn unerwartet getroffen haben, man könnte meinen, während eines Tanzes oder beim Kauf seines ersten Motorrades. Er blickt immer noch erwartungsvoll in diese Welt, aber jetzt wissend, daß keine Erwartung sich lohnt. Ich zwinge mich verzweifelt, einzuschlafen. 21, 22, 23, 24 – nichts – und vergib uns unsere Schuld, so wie wir vergeben unseren Schuldigern. Nichts. Engholm, Schröder, Rau,

Cleverle – nichts. So wandele ich endlich in das Jahr 1977 zurück und gehe in der Orthopädischen Spezialklinik für Querschnittgelähmte der Universität Heidelberg noch einmal erschöpft von den Dreharbeiten zu dem Fernsehfilm »Zwischen Hoffnung und Verzweiflung« über Menschen, die unter uns von einer Minute zur anderen von einem schweren Schicksal betroffen werden, die durch eine Querschnittslähmung, durch Multiple Sklerose oder Krebs aus dem Zustand der Vitalität in den Zustand der absoluten Hilflosigkeit geraten, dem Ausgang der Klinik zu, belastet von den Nöten der Betroffenen, welche unsere Kameras aufnahmen. Gelähmte, die auf dem Bauch liegend Nahrung schlürfen, die hilflos ausgeliefert im Bett gedreht werden müssen, die in Rollstuhltrauben vor Aufzugtüren warten. Und ich? Ich konnte mich 1977 noch frei bewegen und durch die Kliniktür davonmachen, in einem Heidelberger Lokal ein Viertele trinken und mit den Kollegen die Kameraeinstellungen des folgenden Tages besprechen, und plötzlich wird mir grell klar, wie wenig wir ach so wichtigen Dokumentaristen von der Wirklichkeit dieser Welt einfangen können. Die Objektive, um menschliches Leid, Schicksal und Unzulänglichkeit darzustellen, gibt es in keinem Kamerazubehörkoffer. Die verehrten Herren Bildregisseure können sich noch so mühen und erregen: »Jetzt Reißschwenk nach links! Gelähmte Hand groß und langsam aufziehen!« Man kann ebensogut total beginnen und auf die arme, gelähmte Hand mit der Kamera zufahren, das objektive Leid wird sie nicht erfassen. Wir sollten uns stets bewußt sein, daß alles in Schwarzweiß und schillernder Farbe Gezeigte, das wir täglich konsumieren, nur subjektive, mit fremden Augen gesehene Erfassung von Tatbeständen ist, mit denen die Betroffenen wenig zu tun haben, eine »objektiv« dargestellte, verzerrte Welt. Ach, was sind wir Filmemacher doch für »sich selbst etwas vormachende« Macher. Madame zur Linken und junger Mann zur Rechten, haben wir drei, die wir nunmehr selbst im Bett gedreht werden und täglich im Rollstühlestau stehen, eine Chance, die Wirklichkeit des Leidens ein wenig zu durchschauen und von den Nichtigkeiten und jeder fragwürdigen Selbstbestätigung Abschied zu nehmen? In dem Gedanken, wie schön es wäre, wenn es so wäre, schlafe ich ein.

Ergotherapie

Eine der jungen energischen Schwestern sagt, wenn sie uns mit gekonntem Schwung in den Rollstuhl, unter die Dusche, ins oder aus dem Bett befördert, »hups«. Ich möchte ihre Begabung haben, mit einem fröhlichen »Hups« die Lage der Menschen schmerzlos zu verändern, den schwätzenden Herrn Professor vom Rednerpult in die hinterste Reihe zu befördern, hups; den eitlen, selbstsicheren, alleswissenden Fernsehkommentator vom Bildschirm zu wippen, hups; den Phrasen dreschenden Herrn Politiker in den Strohhaufen seiner Gedanken zu setzen, hups, und die gefährlichen Weitermacher, die trotz aller Erkenntnisse die Landschaft weiter ausräumen, die Natur weiter chemisieren, die Ressourcen weiter rücksichtslos verbrauchen, mit Schwung und Hups dorthin treten, wohin sie es verdienen.
Heute schwenkt mich Schwester Hups in den Rollstuhl, um mich zur Ergotherapie zu fahren. Auf dem langen Weg schalte ich in mein Quintanergehirn zurück. Ergo? Ergo? Mit nachstehendem Genetiv hieß das »wegen«. Wegentherapie? Quatsch! Wie war das mit ergo im Konjunktiv, da heißt es: infolgedessen, deshalb, daher, folglich. Folglichtherapie? Nein. Aber es gibt ja für die Mediziner, wenn das Latein, um sich gegenüber den armen, ihnen ausgelieferten Laien unverständlich auszudrücken, nicht ausreicht, noch die altgriechische Sprache. Ergo = Arbeit. Hups! Arbeitstherapie.
Ich werde in einer Rollstuhlschlange im Ergotherapiesaal abgestellt. Was sich da tut? Ich komme mir vor wie in einem gespenstischen Kindergarten. Überall Spielzeug, Knetmasse in allen Farben, bunte Bälle, große, kleine. Schautafeln. Grüne, gelbe, rote, blaue Gummiwürfel. Mensch-ärgere-dich-nicht-Spiele. Nur die Kinder, die hier betreut werden, sind 25 bis 80 Jahre alt, sitzen an Tischen vor Bällen, Tafeln, Gummiwürfeln und rollen Knetmasse. Wenn ich meine Hand heben könnte, würde ich mir die Augen wischen. Eine Siebzigjährige mit weißen Haaren bemüht

sich, einen Kegel mit einem auf dem Boden rollenden Ball, den sie anstößt, zu treffen. Ihr schmales Lächeln, als sie ihn endlich trifft, ist so penetrant rührend, daß es mich schmerzt. Ein älterer Herr – er könnte Kammersänger oder Gemeindedirektor gewesen sein – bemüht sich sehr ernsthaft, mit gelähmten Fingern eine Büroklammer in einer Schale zu erfassen und sie auf den Tisch zu befördern. Schwester Hups, holen Sie mich hier raus, um Gottes willen, schnell. Statt ihrer tritt eine junge Frau mit einem intelligenten Gesicht an meinen Rollstuhl: »Jetzt sind Sie dran. Ich bin Ihre Therapeutin.« Mit einem gespannten, beobachtenden Blick macht sie mir klar, daß es eine der wichtigsten Aufgaben, von der das Weiterbestehen unseres Kontinents abhängt, für mich ist, aus einem Knetball eine Wurst zu machen und aus der Knetwurst wieder einen Ball zu rollen – mit der tauben, lahmen Hand versteht sich. Ihre Freude, daß es mir nach 20 Minuten gelingt, ist so umwerfend, daß ich lächeln muß. Unwillkürlich blicke ich der alten Balldame nach, die ihr Pensum für heute geschafft hat und aus dem Saal gerollt wird. Ab sofort werde ich mich bemühen, Knete, Gummiwürfel, Bälle so ernst zu nehmen, wie es in jeder Kinderkrippe selbstverständlich ist.

Schlaganfälle unter sich

Wir vier an einem Tisch im Speisesaal verstehen uns, obwohl wir uns kaum verständigen können. Wir strahlen uns an, weil wir uns freuen, bei den Mahlzeiten zusammen zu sein. Mein Nachbar zur Rechten, der aus Essen stammt, stößt ab und zu unartikulierte Laute aus, weil er bei völliger geistiger Klarheit etwas mitteilen will, was ihm versagt ist. Meine stets adrett gekleidete Nachbarin zur Linken kann aus ihrem erstarrten, gelähmten Gesicht Sätze formulieren. Sie spricht computerhaft. Sie stammt aus dem Münsterland von einem der großen Höfe, die geduckt in weiter Ebene liegen. Der vierte Mann, der an zwei Krücken geht, ist Hochofenarbeiter aus Duisburg, wie mir die Schwester mitteilte. Er hat trotz seiner Sprachlähmung ein frohes, waches Gesicht, und seine Augen passen auf, wo uns, denen es nicht möglich ist, eine Teekanne zu heben, etwas zu trinken fehlt. Ich, der ich reden kann, bemühe mich zu übergehen, daß die anderen nicht antworten können, und bemühe mich zu übersehen, daß ihre Gesichter nicht zu lächeln vermögen. Nur mein Gegenüber bringt ein verzerrtes Grinsen zustande. Sein rechter Mundwinkel hängt herab. Wer hat sich ausgedacht, daß man von einer Minute zur anderen nicht mehr Herr über sein Gesicht und seine Sprache sein darf? Wer ermöglicht uns Betroffenen, eine Schicksalsgemeinschaft zu werden, die Unfaßbares erträglicher macht? Warum stellen wir immer wieder Fragen nach einem höheren Wesen, das dem übergeordneten Computer die Chips eingibt, wenn es nicht denkbar wäre? Vor drei Tagen hat man eine ganz arme Frauensperson an den einzelnen Tisch am Fenster geschoben. Ein besonders schwerer Schlag hat sie getroffen. Bei ihr ist eine sehr junge Schwester. Sie füttert sie. Sie stellt sie so, daß sie in den Park blicken kann. Sie muß ihr nach jedem Bissen den Mund abwischen. Die Kranke hat ein feines, ausdrucksvolles Gesicht. Da sie nicht mehr sprechen kann, gibt sie mit ihren Augen die Richtung für ihren Rollstuhl an. Die Schwester weiß ihr jeden Wunsch von den Augen abzulesen. Wie schafft ein so junger Mensch so geduldig diesen Dienst? Wenn die beiden zu ihrem Tisch fahren, neigen sich grüßend in den Rollstühlen die Köpfe aller Schlaganfälle im Speisesaal hochachtungsvoll und getröstet, daß es neben allem Schrecklichen selbstlose Liebe in unserer Welt gibt.

Blutdruck zu hoch

Bevor nach langer Fahrt über die Gänge des Klinikums mein Rollstuhl im 2. Stock aus dem Aufzug gefahren wird, um mein Zimmer zu erreichen, komme ich an einer Sitzecke mit einem Fernsehgerät vorbei, täglich um die gleiche Zeit, wenn die große Superfrische aus Kaugummi unter den Klängen von Beethovens 9. serviert wird, das neue Krockigefühl aus Krockinuß präsentiert, Allgäuer Käse aus der Pistole eines Kommissars geschossen wird, nackte Damen ihren Busen mit Duschi-Wuschi besprühen und steinharte Cowboys einander Big Bens zwischen die kuckigepflegten Gebisse werfen. Dann freue ich mich, daß man nach einem Schlaganfall noch alle Empfindungen parat hat: Wut und Verzweiflung, Gefühl für Gefahr, Abscheu, verdummt zu werden, und aus der Rollstuhlperspektive nimmt man besonders intensiv wahr, daß mit armseligen oder gekonnt perfiden Tricks der Habenwolleninstinkt bis zur Perversion geschärft und eiskalt mit den wehrlosen Schuberts, Webers, Ravels hochgekitzelt wird. Dann möchte ich, was ich bestimmt nie wieder tun werde, erneut einen Verein gründen, einen weltweiten Verband, dessen Mitglieder kein Produkt kaufen, das von dieser Art Werbung angepriesen wird. Auf zum großen Kaufboykott! Schützt Robert Schumann und Mendelssohn! Spuckt die »Große Frische« aus! »Und verehrte Mitglieder! Was erreichen wir noch? Wir schalten die miesen Medien, Funk- und Fernsehsender aus, die sich mit dieser Werbung finanzieren. Wir werden, meine Freunde, nicht mehr fertiggemacht und depraviert durch billigste Sex- und Crimeproduktionen, durch Gewalt und Pornoshows, durch zwischen Waschmitteln und Busencremes ins Gesicht Geschlagene, mit Steinen Ersäufte. Die menschenfeindlichen Programmdirektoren, hochdotiert für eine Verantwortung, die sie nicht wahrnehmen, sind dann weg vom Fenster. Auf zum Boykott!!« Bravo! Bravo! Bravissimo! Pfft. Pfft. Pfft. Bevor wir ins Zimmer geschoben werden, wird der Blutdruck aller Patienten noch einmal gemessen.

»Ihr Blutdruck ist heute abend zu hoch.« Ja, man sollte sich nicht über Dinge aufregen, die in der Konsumgesellschaft, wie wir sie uns geschaffen haben, nicht mehr zu ändern sind. Oder doch? 50000 Mitglieder? 600000 Mitglieder? 1,7 Millionen Mitglieder?

Gehschule

Ich liege auf einer Pritsche, ziehe das gelähmte Bein an, winkele es nach rechts ab, hebe es wieder und strecke es. Seit vier Tagen habe ich Training in der Gehschule. Zum zweitenmal in meinem Leben lerne ich laufen. Heute soll ich mich aus dem Sitz in den Stand erheben. Zwei Hände strekken sich mir entgegen. Noch knicke ich weg, aber ich vertraue auf den sicheren Zugriff im rechten Augenblick. Mein Rollstuhl wird an eine Sprossenwand gefahren, und ich darf erleben, mich aus ihm zu lösen und erheben zu können, in den Sprossen mit den eigenen Händen Halt findend. Wenn ich auch nach wenigen Sekunden kraftlos in den Stuhl zurückfalle, durchströmt mich doch ein Glücksgefühl, die Chance zu haben, mich aus der Rollstuhlfessel befreien zu können. Es ist wie eine zaghafte Rückkehr in ein Leben, das plötzlich wieder erstrebenswert scheint, obwohl man nun weiß, daß es jede Stunde fragwürdig und gefährdet ist. Mein Lehrer stammt wie der Stationsarzt aus Siebenbürgen in Rumänien. Ich bewundere seine geduldige Zuversicht, seine sichere Kenntnis, Menschen in tiefer Not wieder auf die Beine zu stellen. Es verwundert mich nicht, daß ich in dieser Spezialklinik für Schlaganfallgelähmte Helfern begegne, die ein Leben lang lernen mußten, Leid, Entbehrung, Demütigung zu tragen. Wer könnte berufener sein, uns an die Sprossenwand zu führen mit dem Auftrag: »Erhebe dich! Und steh!«

Schlaganfall mit 25

Wenn ich im Rollstuhl abgestellt in Gängen und Vorzimmern sitzend auf meine Behandlung in der Klinik für Rehabilitation warten muß, übe ich, das Warten anzunehmen. Niemals soll es mir widerfahren, mich vom Wartenmüssen quälen zu lassen. Ein Schlaganfall macht bewußt, daß von Augenblick zu Augenblick Zeit unwiederbringbar werden kann. Ich lerne Zeit, die nicht vergehen will, zu genießen. Es sind die ersten, noch zaghaften Bemühungen, vom außenbeherrschten Dasein Abschied zu nehmen und in mich selbst hinabzusteigen, in die auf uns wartende Welt mit zahllosen dunklen Gängen, die sich erhellen, wenn wir sie finden.
Aus wissenschaftlich noch nicht geklärten Gründen erleiden immer mehr jüngere Menschen einen Schlaganfall. Für sie ist es nicht begreifbar, in einer Lebenszeit, in der man an den Tod keine Gedanken verschwendet, weil er noch so fern scheint, von einer Sekunde zur anderen von ihm angerührt zu werden, vorgewarnt mit Lähmung und Sprachverlust. Ich sehe die jungen Leute verloren im Speisesaal sitzen, in den Gängen ziellos im Rollstuhl umherfahren. Junge Gesichter ohne ein Lächeln. Noch nie bin ich so erschreckend leeren oder vorwurfsvollen Blicken begegnet. Vorwurfsvoll gegen wen? Behutsam bin ich neben den Rollstuhl eines etwa Fünfundzwanzigjährigen gefahren. Er steht seit Tagen an einem Klinikfenster mit Sicht auf den Parkplatz und starrt auf abgestellte Autos. »Ich habe Sie in der Ergotherapie gesehen. Sie machen Fortschritte.« Er blickt mich nicht an. Er kann nicht reden, und dann schüttelt er langsam und fragend den Kopf. Ich werde dieses ergebene, verzweifelte, sich ausgeliefert fühlende, WARUM fragende Verneinen, dieses Kopfschütteln, nie vergessen. In der Klinik für Querschnittgelähmte, in den Klubs für Behinderte habe ich immer wieder erlebt, wie sich die Betroffenen untereinander helfen und gegenseitig Kraft geben, wie sich heute junge Leute der Behinderten in ihrem Lebensbereich verständnisvoll an-

nehmen. Die jungen Schlaganfallpatienten werden meist alleingelassen. Sie ziehen sich verschreckt zurück. Sie scheuen jeden Kontakt zum anderen Menschen, besonders, wenn sie ihr Sprachvermögen verloren haben. Sie treten die Flucht in die Isolation an. Es ist schwer, ihr Abwehrverhalten gegen das Leben, das sie so unerwartet, so abrupt enttäuschte, zu durchbrechen. Sie brauchen besonders einfühlsame, geduldige Zuneigung.

Training

Wenn die Verzweiflung in Schiebestellung hinter meinen Rollstuhl tritt, nehme ich mir ein Beispiel an den über siebzigjährigen alten Frauen. Sie hängen in den Gehbarren und trainieren. Sie hatschen in Gehgestellen auf Übungsgängen. Sie hangeln sich an Geländern treppauf und treppab. Während die Männer apathisch in ihren Rollstühlen hängen, sind sie in Aktion. Das eigentlich starke Geschlecht tut sich viel leichter, energisch ins Leben zurückzukehren, so als ob die Lebengebenden beweisen wollen, daß ihre wesentliche Aufgabe, neue Menschen zum Sterben in diese Welt zu setzen, kein letztlich sinnloses Unterfangen ist. Ich spreche eine der unermüdlich rackernden, auf die Achtzig zugehenden alten Frauen in der Gehschule an. »Ich bewundere Ihre Energie. Sie wollen es schaffen, wieder beweglich in Ihre Familie zurückzukehren?« Sie blickt mich verständnislos an. »Ich lebe allein. Ich will wieder in meiner kleinen Küche unabhängig sein.« Wer hat eigentlich die Emanzipazierungsnotwendigkeit der Frau erfunden? Wer weiß denn wirklich auf dieser Welt, was er will? Der erste Schlaganfall bringt es an den Tag. Apathisch hängen die alten Männer in ihren Rollstühlen und müssen zur Aktivität getreten werden, während das arme, unterdrückte schwache Geschlecht auf Übungsstufen eisern nach oben strebt. Also auf! Machen wir es den alten Frauen nach! Emanzipieren wir uns aus der Schwäche. Ich habe meinen Rollstuhl neben den Bettpfosten gefahren und das Bett mit dem Feststeller arretiert, und nun übe ich, wenn ich allein im Zimmer bin, mich mit der linken Hand am Pfosten hochzuziehen, ganz langsam in den Stand. Zunächst übernimmt das geschwächte linke Bein die Hauptlast, aber ganz allmählich stützt auch das gelähmte rechte Bein mit ab. Denk an die alten Frauen, wenn du aufgeben willst!
Es ist immer gut, wenn wir Menschen uns hochziehen können – und wenn es am Bettpfosten ist. Mit dem Sichaufstellen wächst Hoffnung, blüht das Denken in die Zukunft. Was haben wir Niedergeschlagenen für lebenswerte Chan-

cen, wir, denen Ozonlöcher, Nitratwasser, Kernkraftunfälle, Krebstod, Aidsvernichtung und jede Sekunde ein Schlaganfall drohen. Wir können zum Beispiel durch ökologischen Garten- und Landbau die Vielfalt in der Pflanzen- und Tierwelt retten und mit den wiederbelebten Wesen unsere Phantasie bewahren, der tödlichen Monotonie entgehen. Wir können die überholte Konfrontation, den Geltungskrieg aus Eigensucht zwischen rechts und links beenden. Wir können lernen, den seelisch und geistig Kranken zuzuhören und sie in die Arme zu nehmen. Wir können Grenzen abbauen und einander entgegengehen. Wir haben die Chance, die alten Fräcke und Jeanshosen auszuziehen und abgetakelte Begriffe, die uns in Leid und Tod geführt haben, wie Kapitalismus, Sozialismus, Nationalismus, Kommunismus, ismus – ismus – ismus in die Container zu werfen, daß sie zerplatzen und zersplittern wie ausgetrunkene, leere Flaschen. Und noch einmal hoch am Bettpfosten! Wir können, wir können, wir können, oder können wir eigentlich gar nichts? Bleiben wir ausgeliefert in unseren Taxismen, zappeln wir weiter im Netz unserer Prägung, bleiben wir in den Rollstühlen überholter Machtstrukturen hocken? Der Schlaganfallpatient ist schnell erschöpft, seine Batterie entleert, und so läßt mich meine dünngewordene Haut aus dem Stand in die Knie sinken. Da helfen auch keine alten Frauen. Gut, daß es das Schluchzen gibt.

Schreibunterricht

Mit einem roten Männchen überspringe ich ein grünes Männchen und setze es behutsam mit meiner gelähmten rechten Hand mitten in das runde Feld gezielt ab. Ich schaffe es, ohne daß ein weißes Männchen im nächsten Feld kippt. Sinnig finde ich, daß sich zum Trainieren für gelähmte Hände nach einem Schlaganfall besonders »Mensch ärgere dich nicht« eignet. Meine Therapeutin, die schon dreimal verloren hat, meint: »Mit Ihnen spiele ich nicht mehr. Sie beherrschen alles perfekt, sich auf den Würfel und die Figuren zu konzentrieren, sie zu greifen, sie zu setzen. Wir fangen jetzt an, wieder schreiben zu lernen.« Mensch, ärgere dich nicht, wenn dir der Stift aus der Hand fällt! Nimm ihn immer wieder auf! Empfinde dem zweijährigen Kind nach, dessen sich neu prägendes Hirn der Hand noch keinen klaren Strich anweisen kann. Alles je Gelernte und Gekonnte scheint ausgelöscht, aber im Negativ noch erhalten und neu entwickelbar zu sein. Auf einem überdimensionalen großen Bogen rühre ich ungelenk ziel- und planlos mit dem Stift herum. Nach einer halben Stunde sieht mein Papier so aus, daß ich es, wenn ich Professor Beuys heißen würde, für 200000 DM versteigern könnte. Natürlich wird man ungeduldig, verzagt und neigt zur Aufgabe. Man kann sich doch ein Diktiergerät anschaffen. Aber ich will wieder die ersehnte und bewährte Geist-Herz-Handlinie herstellen. Also bemühe ich mich, eine Beziehung zu Schneckenhäusern zu bekommen und male 500 Stück pro Tag, daß jeder Igel vor Begeisterung ausflippen würde, und übe, auf linierten Bögen Wellenlinien zwischen die Zeilen sauber einzufügen. Nach Tagen schaffe ich es, meinen Namen zu krakeln. Er sieht einmal aus wie eine ausgeleierte Ziehharmonika und dann wie ein Eisenbahnzug, bei dem die Lokomotive geschoben und das Bahnsteigende übersehen hat. Trotzdem – ich weiß jetzt, wenn ich dranbleibe, werde ich mit der Hand wieder leserlich schreiben können.

Entlassung

Es geht jetzt alles immer schneller. Hand in Hand, Bein zu Bein. Ich bin in der Lage, mich aus dem Rollstuhl zu erheben, im Stützbarren drei Meter vor- und rückwärts zu laufen, mich mit einem Gehgestell 30 Meter vor und zurück zu bewegen. Ich lerne die 1, die 4, die 0 zu schreiben. Hirn, Bein und Hand nehmen engeren Kontakt auf. Es ist wie bei allen Rehabilitations- und Vereinigungsprozessen: Das Tempo steigert sich. Es naht der Tag der Entlassung. Ich will nichts wie raus, weg aus der Klinik. Keine Rollstühle mehr sehen, keine Schlaganfallpatienten, keine noch so bemühten Weißkittel. Ob ich Angst vor dem Draußen habe? Ja, ich habe Angst. Als ich noch als Fernsehredakteur unterwegs war, mußte ich einmal in Begleitung des Teams mit einem offenen Transportkorbaufzug an der Rohbauwand eines Hochhauses in schwindelnde Höhen fahren. Im 20. Stock stiegen wir aus und bewegten uns auf Baubrettern weiter. Über mir Himmel, unter mir Löcher, die in die Tiefe wiesen. Ich wäre am liebsten gesprungen, um dem Schwindelgefühl ein Ende zu bereiten. Aus tiefer Angst und Schwäche bat ich einen Arbeiter, mich zu dem Aufzug zurückzubringen. Er packte mich auf dem glitschigen Brett verständnisvoll, legte fest den Arm um mich, »nicht nach unten sehen«, und geleitete mich, ohne ein Wort über meine Schwäche zu verlieren, in den Drahtkorb zurück. Solche Menschen brauche ich jetzt.

Erlauben Sie mir, daß ich allen Ehepartnern und auch den Lebensgefährten, welche die aufrichtige Absicht haben, in notvollen Tagen nicht »tschüß« zum anderen zu sagen, eine Empfehlung gebe: Machen Sie *beide* rechtzeitig den Führerschein! Nur so kann meine Frau den von einer zentralen, mittelgradigen Hemiparese rechts nach Hirnblutung im Bereich der linken Stammganglien Betroffenen aus der Rehabilitationsklinik abholen. Von einer Sekunde zur anderen kann es auch Ihren Partner treffen, und ohne lenkbares Fahrzeug wird es schwierig.

Krankenblatt

Wer dankbar ist, braucht nicht unbedingt zurückzublicken. Ich konzentriere mich bei der Ausfahrt aus der Rehabilitationsklinik auf mein Krankenblatt. Zum Winken hat ohnehin niemand Zeit in diesem Haus, oder er kann die Hand nicht bewegen. So lese ich denn in gutem Arztdeutsch unter anderem: »Die Sprache ist artikuliert, etwas verlangsamt. Sonstige Hirnnerven unauffällig.« Gut, gut, dann bin ich der erste Rundfunkreporter, der nicht ohne Pausen immer schneller auf die armen Hörer einspricht.

»Vorder- und Hinterstrangsensibilität in allen Qualitäten intakt.« Na, bitte.

»Motorik: schlaffer Muskeltonus rechtsseitig. Atrophien der Wadenmuskulatur. Die grobe Kraft ist am rechten Arm und Bein gemindert. Grad 2. Der rechte Arm kann nur bis 30 Grad gehoben werden.«

»Im Vordergrund unserer therapeutischen Bemühungen stand eine Mobilisierung des Patienten. Im Rahmen der einzelnen krankengymnastischen Behandlungen wurden die Haltung, der Gang, das Gleichgewicht und die Koordination geschult. In der Ergotherapie wurden die Feinmotorik sowie alltägliche Verrichtungen geübt.«

O ja, Kaffeetassen heben, Messer halten, Zähne putzen.

»Der Patient schien sehr motiviert, so daß er bei Entlassung ca. 300 m mit Ellenbogenstützen gehen kann, Treppensteigen möglich ist. Schwingübungen zum Wiedererlernen des Schreibens wurden erprobt. Zur Steigerung der Feinmotorik rezeptierten wir für den Patienten zu Hause therapeutische Knetmasse.«

Heimkehr

Guten Tag, liebe Treppe. Da bin ich wieder. So kehre ich denn nach elf Wochen an zwei Krücken und mit Knete in der Hosentasche nach Hause zurück. Auf dem Treppenabsatz wartet ein Leihrollstuhl auf mich, den ich nicht mehr allzu lange zu brauchen hoffe. »Der Patient schien sehr motiviert«, hieß es im Krankenblatt. Schafft er es, nach der Rückkehr in seine Wohnung motiviert zu bleiben? Zu Hause wird ihm bei jeder Bewegung, Verrichtung, bei jedem Handgriff, Steh- und Gehversuch erschreckend, bedrückend bewußt, was er an selbstverständlichem Handlungsraum verloren hat. Das Anziehen eines Strumpfes, das Halten eines Löffels, das Öffnen einer Tür, das Aufstehen aus einem Sessel werden zum Abenteuer. Er ist immer wieder auf fremde Hilfe, Rücksichtnahme, Verständnis angewiesen. Alles, was aus der Hand fällt, wird aus eigener Kraft unerreichbar. Und was ist mit meinen Nerven los? Es ist, als ob sie bloßlägen. Das kleinste Geräusch läßt meinen linken Arm erschreckt aufzucken. Ich kann in diesen Wochen nach der Heimkehr keine Menschen ertragen. Wenn sie auf mich einreden, höre ich sie, wie zum Schutz vor meiner Empfindsamkeit, aus weiter Ferne sprechen. Sie sind in ihrer aufdringlichen Körperlichkeit unerträglich für mich. Ich bin so hellhörig für leeres Geschwätz geworden, daß es mich schmerzt. Es bereitet mir quälende Mühe, mich der lauten Welt wieder zu stellen. Die Menschen meinen, wenn jemand wieder sitzt oder gar steht, sei er einer von ihnen, munter wie eh und je, dem man mit Banalitäten auf die Schulter klopfen kann. Aber ich fühle mich, weil ich dem Tod nahe war, noch auf seiner Seite. Durchsichtige faßt man nicht an. Schreckhaft, mit Blick auf die unsicheren Füße, mich rechts und links wie an Bäumen festhaltend, bemühe ich mich, den Weg in den Alltag zurückzukehren. Ich schwanke, ob ich mich Gott nähern oder möglichst unauffällig weiten Abstand halten soll. Ich weiß jetzt, wie es geht, Beine, Arme, Gesichter zu lähmen, Mundwinkel entgleisen und die Sprache verstummen zu lassen, Augenlicht und Gehör auszulöschen. Gefäße im Gehirn werden unstabil. Sie platzen. Wir können mit einem Schlag niedergestreckt oder Schlag für Schlag in die Knie gezwungen werden. Wir sind unserem Gefäßsystem völlig ausgeliefert. Wer bedient sich seiner?

Was ich kann und nicht kann

Ich erkenne die neuen Grenzen und lerne sie zu akzeptieren. Ich erfahre die Weite und Tiefe der anderen Möglichkeiten. Was ich nicht mehr kann?
Ich kann nie wieder eine Sitzung leiten, weil ich Spannungsfelder von Meinungsverschiedenheiten nicht mehr zu ertragen in der Lage bin.
Ich kann an öffentlichen Veranstaltungen jeder Art: Konzerten, Theateraufführungen, Vorträgen, Tagungen, Festen nicht mehr teilnehmen.
Ich kann nicht mehr selbst Auto fahren.
Ich kann mich nicht mehr ohne Begleitperson auf der Straße bewegen.
Was ich kann?
Ich kann Zwiesprache halten mit Pflanzen, Tieren, Wolken.
Ich kann Einzelgespräche mit Menschen führen.
Ich kann Musik hören und fernsehen.
Ich kann in Begleitung etwa 800 m am Stock gehen.
Ich kann lesen.
Ich kann schreiben.
Ich kann schlafen.
Ich kann träumen.
Ich kann beten.

Darf ich noch vermerken, daß ich etwas nicht mehr kann, was mich tief schmerzt? Einmal, nachdem die Mauer in Deutschland gefallen ist, meine Heimatstadt Leipzig nach 46 Jahren wiedersehen, durch die Goebenstraße gehen, in der mein Vater mich zur Volksschule begleitete, auf dem ausgeräumten Platz gegenüber dem Zoologischen Garten stehen, auf dem mein König-Albert-Gymnasium stand, das alte Theater suchen, in dem ich meine Schauspielereignungsprüfung vor Peter Lühr und Lina Carstens bestand, die Universitätstreppen hinaufgehen, die mich zu dem Geist der Goethezeit, Professor Korff, führten, und das Musikerviertel besuchen, in dem ich meine erste Liebe, die Enkelin von Engelbert Humperdinck, von der Geigenstunde abholte. Eine Wiederkehr an die Plätze der Kindheit würde mich bewegen und erregen. Der Risikofaktor einer Reise in die persönliche Vergangenheit, meinen die Ärzte, sei zu hoch.

Kann man Politiker anklagen, die sich irrten, die starr in politischen Prägungen ihrer Jugend ein Leben lang verharren, die als Erfüllungsgehilfen einer überholten, unwerten Ideologie oder aus egoistischen, persönlichen Machtansprüchen, aus Selbstüberschätzung unmenschliche Entscheidungen treffen, wie Mauern im eigenen Volk zu zementieren, Familien zu trennen und schießen zu lassen, wenn Menschen Trennendes überwinden wollen? Jetzt ist die Öffnung der Mauer für mich zu spät erfolgt. Mein Schlaganfall und Erich haben es geschafft, daß ich meine Heimatstadt nicht mehr wiedersehen kann.

Gibt es einen Staatsanwalt, der meine Klage gegen Erich wegen verwehrten Rechts auf Wiederbegegnung mit den Straßen und Plätzen der Kindheit, wegen seelischer Grausamkeit entgegennimmt? Oder soll ich vergessen und einem fanatischen alten Mann vergeben, der nicht an Gott glauben durfte und in Pfarrhäusern letzte Geborgenheit suchte?

Paß auf die Stufe auf!

Es gibt viele Frauen, die wollen ihr Männchen am liebsten in ihr Handtäschchen stecken, den Knipsverschluß schließen und es immer und überall mit sich herumtragen. Es gibt noch mehr Frauen, die mit der Entschuldigung »Ich habe es doch nur gut gemeint« ihre Lieben bemuttern und tyrannisieren, und es gibt viele, die aus Fürsorge überall Gefahren wittern und mit Katastrophenahnungen ihnen Nahestehende verunsichern: »Paß auf die Stufe auf! Vorsicht, ein Abtreter!« Alle diese lieben, verehrten Frauen sind für Behinderte ungeeignet. Die Chefstewardeß aus der Klinik hat recht. Sie schärfte meiner Frau ein: »Nehmen Sie ihm keinen Handgriff ab, den er selbst kann! Helfen Sie nicht beim Aufstehen! Fassen Sie nur zu, wenn er und Sie erkennen, daß es gar nicht geht.« Vielen Dank, liebe Frau, daß du eine so einfühlsame, wie heißt es in der Versorgungsamtsprache: »Begleitperson« bist.

Kosten

958,-- DM kostete die Krankenwagenfahrt von Düsseldorf nach Bad Berleburg. Die private Krankenkasse ersetzte laut Satzung nur 100 km = 158,-- DM. Ich bitte höflich, alle Rehabilitationskliniken in Zukunft 99 km von dem Krankenhaus, in den ein Schlaganfallpatient eingeliefert wird, zu errichten.
Wenn ein schwerbehinderter Patient aus der Klinik zurückkehrt, benötigt er unerläßlich heilgymnastisches Training in seiner häuslichen Umgebung. Er ist kräftemäßig für längere Zeit nicht in der Lage, eine entsprechende Praxis aufzusuchen. Drängende Aufforderungen der Krankenversicherung, vom ersten Tag nach der Rückkehr an sich doch gefälligst auf Krücken in die Praxis zu schwingen und die Kosten für Heimbehandlung zu sparen, sind inhuman und unzumutbar.
Beunruhigend für Schwerkranke ist es, Zuschüsse der Rententräger zur freiwilligen Krankenversicherung, die 80,– DM übersteigen, mit den Leistungen der Beihilfe zu verrechnen. Der Beihilfeanspruch wird dann nach neuerlichen Regelungen um 20% geringer. Hier nimmt man aus der linken Tasche, was man in die rechte hineintut.
Wenn ich den Begriff soziale Marktwirtschaft höre, schießen mir stets die Tränen in die Augen. Was ist das für ein großartiges menschliches Programm, eine florierende Wirtschaft mit gleichzeitiger sozialer Absicherung zuzusagen.
Seit meinem Schlaganfall schauen meine Augen trocken und fragend auf die Maschen und Tricks, mit denen man Markt und Wirtschaft vor sozialen Ansprüchen bewahrt.

Ratgeber

Wir leben in einer Ratgebergesellschaft. Für alles gibt es Ratschläge. Wie ich mit Gallseife und Hochdruckreinigern umzugehen habe, wie ich im Aufsichtsrat fungiere oder das Finanzamt aufs Kreuz lege, wann ich von Butter auf Margarine umsteigen sollte, wie ich Schüchternheit überwinde und meine Neurosen wegturne. Also gibt es auch in einem namhaften deutschen Verlag einen Ratgeber: »Leben nach dem Schlaganfall«. Was da wohl drinsteht? In der Einleitung auf Seite 13 beginnt das Buch für jeden Ratsuchenden tröstlich. »Laut einer niederländischen Studie sterben 46% der Schlaganfallpatienten im ersten Jahr nach der Attacke. Immerhin überleben 54% der Betroffenen den Schlaganfall länger als ein Jahr.« Meine Güte, hätte ich das vorher gewußt, wäre es besser gewesen, die 14,80 DM auf den Kopf zu hauen. Allerdings kann ich es nicht lassen, unter einem Stichwort – das heute in allen Ratgebern vom Hochdruckgerät bis zur Neurosebekämpfung die Schlüsselrolle spielt – doch einmal nachzuschlagen: Sexualität. Da heißt es: »Manchmal ist nach einem Schlaganfall die Sexualfunktion gestört. In den meisten Fällen ist das auf eine Depression nach der Erkrankung und wegen der Behinderung zurückzuführen. Auch die Angst vor einem neuerlichen Schlaganfall trägt dazu bei. Es ist wichtig zu wissen, daß nichts gegen Geschlechtsverkehr nach einem Schlaganfall spricht. Aus medizinischer Sicht ist in diesem Bereich erlaubt, was (beiden) gefällt.« Na also, da haben sich die 14,80 DM doch noch gelohnt.

Ob unsere Gesellschaft so zahlreiche Ratgeber hat, weil sie so ratlos und krank ist, oder ob sie so ratlos und krank ist, weil sie so zahllose Ratgeber hat? Ich glaube, eines stimmt wohl, daß die Ratgeber und ihre ständig zielgruppensuchenden Verlage gut von ihren Ratschlägen leben. Nur schade, daß wir alle immer kränker und ratloser werden. Ob ich zu den 54% gehören darf, die den Schlaganfall länger als ein Jahr überleben, und wenn ja, wie lange noch?

Kirchliche Zuwendung

Es gibt liebenswerte und es gibt bitterböse Märchen. Das vom alleingelassenen Schlaganfall ist nicht so kindergeeignet. Es war einmal eine kleine evangelische Gemeinde im großen Europa. Sie wurde von zwei Pfarrern betreut. Der eine konnte sehr gut singen, der andere sah aus, wie man sich einen Apostel vorstellt. Er verbarg sein gütiges Gesicht hinter einem dichten, schwarzen Bart. Beide waren – wie das heute bei Pfarrern so üblich ist – erfolgreiche Animateure und Manager von Basaren, deren Erträge den Ärmsten der Welt zugute kommen. Der fröhliche Sänger ließ seine Gemeindemitglieder sich beim Abendmahl die Hände reichen. Das ergab stets ein rührendes Bild der Gemeinsamkeit. Jeder konnte sich vor dem Herrn Hand in Hand mit Gleichgläubigen so richtig geborgen fühlen. Inmitten dieses trauten Kreises stand viele Jahre ein zuverlässiges Gemeindemitglied, das nicht nur Kirchensteuern zahlte, sondern auch stets bereit war, einen geistigen Beitrag zu kirchlichen Veranstaltungen zu leisten. Es glaubte, in den beiden stets Nächstenliebe verbreitenden, sonntags in Schwarz gehüllten Herren Partner für gute und für schlechte Tage gefunden zu haben. Eines Tages erlitt das getreue Gemeindemitglied einen Schlaganfall. Es ließ die Pfarrer verständigen, daß es leider nicht mehr in die Kirche kommen könne. Drei Jahre und fünf Monate sind seit jenem Tag vergangen. Es hat nichts mehr von dem frohen Sänger und dem gütigen Apostel gehört. Und wenn er nicht gestorben ist, dann lebt er heute noch. Und wenn er dann doch einmal sterben muß, hat er schon heute die Sorge, daß einer von den beiden oben steht und predigt, wie geborgen er sich im Schoße seiner Kirche nun fühlen kann.

Weltliche Zuwendung

Es ist still um mich geworden – und das ist gut so. Zu dem Protokoll eines Schlaganfalls gehört es, das Verhalten der Bekannten, der Arbeitskollegen, der Freunde, der Lebensgefährten zu vermelden. Alle meine Feststellungen gebe ich ohne Groll und Vorwurf ab. Sie mahnen mich höchstens selbst, wie gedankenlos ich mit von Krankheit und Behinderung Betroffenen in meinem Lebenskreis umgegangen bin. Zuerst ziehen sich alle, die etwas gewollt haben, zurück; dann verschwinden die Mitstreiter in Verbänden sowie die politischen Diskussionspartner und Freunde in den demokratischen Gremien. Die Arbeitskollegen, mit denen man ein Leben lang zusammen war, stellen als weitere Gruppe ihre Nachfragen ein. Unter den übrigbleibenden Bekannten und Freunden setzt ein merkwürdiger Ausleseprozeß ein. Manche, von denen man es niemals erwartet hätte, halten weiter Kontakt, andere, mit denen man fest rechnet, verschwinden für immer von der Hör- und Sichtfläche. Erstaunlich ist es, daß diejenigen, welche viel und lauthals christliches und soziales Verhalten im Munde führen, besonders zahlreich unter den Abgängern vertreten sind.
Lerne Abschied nehmen!

Knickebein

Überall spiegelt unsere Zeit ihr oft nur gedankenloses Verhalten gegenüber dem Schwachen. In den Kaufhäusern gibt es kaum einen Stuhl, eine Bank für diejenigen, deren Beine im Menschengewühl versagen. Verlorene Verkaufsfläche kostet natürlich auch Geld. Viele Ampelanlagen sind für den Schwerbehinderten zu kurz geschaltet und die Übergänge nicht benutzbar. In einem modernen Einkaufszentrum in Köln zum Beispiel führt eine automatische Drehtür, die nicht zu stoppen ist, auf Rolltreppen, die mit so hohem Tempo laufen, daß Zugang und Aufgang für den gehbehinderten Menschen versperrt bleiben. In den Fußgängerzonen und auf Fußwegen beherrschen Radfahrer und Skateboardartisten vielerorts das Terrain und bedrängen rücksichtslos die Alten und Schwachen. Ein Aufbegehren wäre zwecklos und gefährlich. In den großen Städten muß der Schwache am Stock ständig gewärtig sein, daß er brutal niedergestoßen oder beraubt wird. Nur stillhalten! Ja nichts sagen! Besonders gefährlich für einen Schlaganfall auf wackligen Beinen sind in den Geschäftsstraßen oder Kaufhäusergassen die Frauen mit Konsumblick. Sobald sie ein Kaufobjekt sichten, vom Schlüpfer bis zum Toaster, sehen sie rechts und links nichts mehr und werden zu rücksichtslosen Geschossen.

Verloren fühlt sich der schwache Mensch in der Dauerkarnevalswelt von heute, belastet von der Highlifeberieselung aus allen Lautsprechern, als Fremder empfindet er sich in diesem locker servierten Zeitgeschehen, in dem nach der Erdbebenmeldung mit 14000 Toten »Wake up little Susi« ertönt. Zwischen dem Schwachen und den munteren Starken, die ihr BMW-Toyota-Sony-, ihr tägliches Ellenbogendasein mit dem abendlichen Fernsehmord verbringen, richtet sich Trennendes auf, wie Schallschutzwände aus Beton an berasten Schnellstraßen. Es gibt Fluchttüren im Beton. Sie sind zu öffnen. Hinter ihnen, auf der anderen Seite der Wand, sind wir Schwachen zu finden.

Lerne Abschied nehmen

Auszüge aus einem Programmangebot der Volkshochschule: Die Abschreibungsmöglichkeiten beim Bau oder Kauf von Wohneigentum. Wie werde ich selbstbewußt? Mnemotechnik, Wege zum Supergedächtnis, Ökohaushalt – leichtgemacht. Für alles gibt es ein Lernangebot. Nur merkwürdig, unser ganzes Leben wird vom Abschiednehmen bestimmt, nirgendwo wird Abschiednehmen gelehrt. Wir üben es nicht. So trainiere ich nicht nur Schreiben, Gehen, Aufstehen und Setzen. Ich bemühe mich, Abschiednehmen zu lernen. Adieu, starker erfolgreicher Mensch. Nun bist du von einer Minute zur nächsten ein schwaches Knickebein geworden, das am Arm einer Begleitperson auf einen Stock gestützt über die Kreuzung geführt wird. Nimm die Schwäche an! Hinter jedem Abschied folgt bis zum letzten etwas, was neugierig macht. Übe, übe, übe.

Löse dich zuerst von dem, was stets selbstverständlich war, vom Laufen, Wandern, Greifenkönnen. Vielen Dank, daß ich bei der Arbeit zu dem Filmbericht »Zwischen Hoffnung und Verzweiflung« dem schwergelähmten, rollstuhlgefesselten, an Multipler Sklerose erkrankten Herrn Buchberger in der Krankenfraternität Frankfurt begegnen durfte. Er sagte in einem Interview vor der Kamera: »Wenn ich auf meinem Balkon sitze, habe ich Zeit, weil ich Zeit haben muß. Als der erste Mensch zum Beispiel auf dem Mond gelandet ist, habe ich auf meinem Balkon gesessen und hinuntergeschaut in den Garten. Das sind genau 2,76 m von oben nach unten. Ich hätte nicht einmal dort hinuntergekonnt. Hier, an diesem Balkongitter, war meine Barriere. Auf der anderen Seite flogen die Menschen Millionen von Kilometern weit. Ich habe damals in meinen Garten geschaut und die Vögel beobachtet, und ich habe mich gefragt: Ist das, was ich da unten sehe, nicht genau so ein Wunder wie die Mondlandung?«

Durfte ich Herrn Buchberger begegnen, weil schon damals mein Schlaganfall programmiert war?

Tschau, ihr Fernziele, Terminkalender, Sitzungen. Tschüß leere Unrast. Lebt wohl, ihr Professoren ohne Weisheit, ihr Politiker in den Zwängen der Selbstbestätigung. Willkommen ihr neuen, lange übersehenen Partner: filigrangegliedertes Herbstblatt, Amsel, die Lebensordnung vorhüpft. Hinter jedem Abschied folgt etwas, was Neugier wert ist. Lerne Abschied nehmen.

Teil II

Protokoll des Schlaganfalls aus der Sicht meiner Frau

Die Kapitel sind geeignet für Menschen, die meinen, es geht immer so weiter wie jetzt, und für solche, deren Leben sich von einer Minute zur nächsten völlig wandelt.

Wir haben uns wie immer nachgewunken

Eigentlich haben wir immer Abschiednehmen geübt. Wir haben stets, wenn wir uns trennen mußten, einander zugewunken, bis wir uns aus den Augen verloren. Auch heute bin ich unsere Treppe mit zur Garage hinuntergegangen, um dich zu verabschieden. Es ist merkwürdig, ich merke mir stets, was ein Mensch anhat. Ich weiß noch ganz genau, du hast eine dunkelblaue Flanellhose und dein graublaues Jakkett getragen, als du losgefahren bist. Wir haben uns wie immer nachgewunken. Ich war winkend in deinem Rückspiegel bis zur Kurve, die uns die Sicht nimmt. Ich weiß, du wirst lächeln, wenn ich heute sage, daß ich bei diesem Abschied ein bedrückendes, ungutes Gefühl hatte. Du hältst nicht viel von meinen Vorahnungen, so wie du dir auch nicht gern anhörst, wenn ich meine Träume erzähle von großen, bedrohlichen Pferden und immer neuen Wohnungen mit merkwürdigen Grundrissen. Ach so, ich habe unseren, meinen Hund bei mir. Er macht sich wenig daraus, wenn Herrchen wegfährt. Er zieht mich auf seinen gewohnten Rundweg. Er lenkt mich von dem Gedanken ab, daß es ein Abschied sein könnte von einem bis dahin gemeinsam verbrachten Leben, der alles ändert, von einer Minute zur nächsten den Tod bringen kann oder die Formen eines anderen Lebens.

Wir – unser Charly und ich – müssen zurück ins Haus. Ich habe noch zwei Anrufe zu tätigen, meine achtundachtzigjährige Mutter und Tante Margot, 81 Jahre alt – sie ist in einem Seniorenheim –, warten darauf. Außerdem habe ich noch zwei freilebende Katzen zu versorgen, die sich auf unserer Terrasse eingerichtet haben. Sie sind zur Zeit gefährdet. »Graf Lambsdorff«, ein aggressiver grauer Kater, setzt seine Markierungen. Wir haben ihn so getauft, weil er ein wesentliches Gesicht hat und verhalten knurrend miauen kann und weil er hinkt. Es wäre richtig, ihn kastrieren zu lassen, aber der darauf angesprochene Besitzer reagiert tief beleidigt, so als ob man ihm persönlich seine Mannbarkeit nehmen wolle. Es bleibt nichts anderes übrig, als die scheuen, freilebenden Katzen einzufangen und sie unfruchtbar zu machen. Wir haben die Deutsche Katzenhilfe um Rat gebeten und damit Damen kennengelernt, vor deren ehrenamtlichem Einsatz wir große Hochachtung haben. Sie haben uns eine Katzenfalle gebracht und aufgestellt. Nur die beiden Katzen trauen dem Monstrum nicht, obwohl ich es mit einem kalten Büfett bestücke. Heute gibt es Fischköpfe, aber sie betrachten das Gestell mit dem leckeren Inhalt kühl und gelangweilt, als ob sie sagen wollten, solche Katzenhilfetricks bitte nicht mit uns – und dann ziehen sie mit »Graf Lambsdorff« ab.

Das Telefon klingelt um 21.37 Uhr

Nach dem Abendessen habe ich mir vorgenommen, ein Kleid meiner Schwester zu ändern, das sie mir geschenkt hat. Es ist schick und mein Stil. Die Arbeit geht mir flott von der Hand – schließlich bin ich in einem namhaften Modeatelier großgeworden. Natürlich wollte ich nicht nur Kleider entwerfen, Hüften messen, nähen und paspeln. Mein Wunsch war es, Pianistin zu werden. Ich sah mich in einem von mir entworfenen Kleid am Flügel sitzen und Schubert spielen – Träume eines jungen Mädchens. Dann kamst du, und eine unserer ersten Anschaffungen war ein Schimmel-Klavier. Es stand verpackt in Cellophanpapier mit einer riesengroßen silbernen Schleife neben meinem Geburtstagstisch. Leider erklingt das Impromptu op. 142 heute viel zu selten. Der Alltag läßt es nicht zu.
Es ist 21.37 Uhr. Das Telefon klingelt. Ich lege das Kleid beiseite und nehme ab, und dann höre ich die Stimme des Staatssekretärs aus dem Ministerium für Landwirtschaft und Forsten: »Schwächeanfall – Notarzt – Marienhospital.« Ganz ruhig bleiben. Ja, ich komme. Wie gelange ich in der Nacht von Overath im Bergischen Land in das Marienhospital nach Düsseldorf? Ich rufe meine Tochter an, und dann sitze ich im Auto meines Schwiegersohns. Beide begleiten mich in die Nacht. Die Gedanken jagen sich wie die Reflexe der Lichterketten auf der Autobahn 3. Es war zuviel für ihn in den letzten Wochen. Wir wollten ja Pause machen, aber da lag, als wir aus Stuttgart zurückkamen, der Ruf nach Düsseldorf auf dem Schreibtisch. In der Woche vorher Tagungen für Umweltfragen in Bad Boll. Samstag Verleihung der Theodor-Heuß-Medaille, Rede halten, Sonntag Rückfahrt, Montag Sitzung in Düsseldorf, und jetzt der Notarztwagen. Schwächeanfall? Ein Infarkt? Schlimmeres? Vielleicht die Lösung aller Hetze? Wo liegt das Marienhospital? Straßenbahnschienen in regennassem Kopfsteinpflaster. Schilder Düsseldorf-Lohausen-Flugplatz. Ach, könnten wir noch einmal von Lohausen mit unseren drei Kindern in das kleine

Haus in der Playa Romantica auf Mallorca starten, wo Martin seine Brille in der Dusche erst wiederfand, nachdem er zum heiligen Antonius gebetet hatte, obwohl er nicht katholisch ist, und wo du dich in einem großen bunten Garten im Liegestuhl, die Vögel beobachtend, so wohl fühltest. Wo liegt das Marienhospital? Wo ist denn nun das Krankenhaus? Wir biegen in die Rochusstraße ein, regennasses Gitter um das nächtliche Hospital, dahinter der riesige graue Block mit Licht in wenigen Fenstern, eine Schranke. Meine Tochter und ich steigen aus, gehen die völlig verlassene, mit Lampen bestandene, fragende Anfahrtsstrecke auf den Haupteingang zu. Nach links fällt die Straße ab zur Notaufnahme. Wir treten ein. Halberhellte Bahnhofshalle mit Richtungszeigern. Ein Pförtner weist uns in das Land der Intensivpflege: Fahrstuhl, 1. Stock. Eine Tür: Intensivstation. Wo bist du? Gleich hier, im nächtlichen Gang hinter einem Paravent, mit den Füßen und dem Blick zum Fenster liegt ein schmales Etwas an Schläuchen im Flur. Ein Stuhl. Auf dem Stuhl die Kleider des Etwas, seine Tasche mit Akten, notaufgenommen.

Nicht auf das Bett setzen!

Ich möchte aufschreien – dann höre ich meine Stimme weit weg sprechen, was man so sagt: »Was machst du nur für Sachen?« Da ich an der linken Seite des Bettes stehe, nehme ich deine sehr kalte, linke Hand; daß die rechte gelähmt ist, werde ich nicht gewahr. Wir stehen am Bett – und dann geschieht etwas, was sich mir tief eingeprägt hat. Da der Stuhl belegt ist, nehme ich ganz vorsichtig auf der Bettkante Platz. Ein junger, forscher Arzt, der vorübergeht, ruft in den nächtlichen zugigen Flur: »Nicht auf das Bett setzen!« Wie automatisch erhebe ich mich wieder. Erst viel später, ja, heute noch, ist es mir, als hätte der Arzt mich ins Gesicht geschlagen. Wir dürfen nur kurz bleiben. Das Sprechen fällt dir schwer. Im Weggehen erfahre ich, daß du einen Schlaganfall mit rechtsseitiger Lähmung erlitten hast. Ich bin keine Heulsuse, aber diese Information treibt mir Tränen in die Augen. Es ist sehr dunkel. Gute Nacht, Herr Pförtner des Marienhospitals in Düsseldorf. Gute Nacht, Kinder. Gute Nacht, lieber Gott. Morgen muß ich mich darum kümmern, daß du aus dem Flur in ein Zimmer verlegt wirst.

Der Morgen

Ich öffne die Augen und möchte sie gleich wieder schließen und mit dem Schließen das Geschehene verdrängen. Aber das dauert nur ganz kurz. Es sind die Überraschungssekunden vor der Erkenntnis, daß alles Gewesene vorbei ist, so nicht mehr sein kann. Ich habe mich einem neuen, anderen Alltag zu stellen.
Täglich fahre ich 140 km hin und zurück in das Marienhospital nach Düsseldorf. Bei Schnee und Eis mit der Bahn, sonst mit dem Wagen, den mein Sohn vom Parkplatz des Ministeriums zurückgeholt hat. Du brauchst mich jetzt. In den ersten Tagen kannst du nicht viel sprechen. Deinen rechten Arm, der auf dem Bett liegt, als ob er nicht mehr zu dir gehört, fasse ich ab und zu und verändere seine Lage. Ich habe in den ersten Tagen den Eindruck, daß so ein Schlaganfall etwas Unerbittliches, Erbarmungsloses ist. Er löscht alles aus. Immer wieder habe ich vor der Tür zu warten, wenn die Ärzte dich umstehen. Klein und zaghaft frage ich sie anschließend nach dem Befund. Verständnisvoll und ruhig geben sie Auskunft. Auch der hinzugezogene Neurologe, den du nicht magst, teilt mir mit, daß eine Gehirnblutung stattgefunden hat und nun zu entscheiden ist, ob eine Absaugung vorgenommen werden muß. Die Computertomographie wird es klären. Vielleicht magst du ihn deshalb nicht, weil es einen operativen Eingriff mit Öffnen der Schädeldecke bedeutet. Ein Schlaganfall bewirkt, daß man sich ganz ausgeliefert fühlt. Wenn ich abends nach Hause komme, bin ich sehr erschöpft. Die Zuwendung meiner Kinder tut mir gut.

Wirst du je wieder laufen können?

Eine Woche ist vorüber. Ich fühle mich selbständig. Alles, was du mir immer abgenommen hast, tue jetzt ich. Ich erledige die schriftlichen Arbeiten, die telefonischen Verhandlungen, das Autofahren, Entscheidungen treffen. Es geht ganz gut. Heute hattest du mich gebeten, die Beihilfeansprüche zu regeln, den Programmdirektor zu benachrichtigen, unseren Pfarrer zu informieren. Alles ist erledigt. Ich stelle unseren Wagen auf dem Parkplatz in der Nähe des Krankenhauses ab. Dort oben, im 5. Stock, liegst du hinter dem Fenster. Ich muß dir etwas von meiner Lebenskraft übertragen. Es war ein gutes Jahr. Wir haben eine Reise durch Nordspanien und Portugal gemacht. Ich sehe dich in die blühenden Blumenfelder mit Safran, wilden Narzissen, Krokussen, Anemonen und Pfingstrosen rechts und links der schmalen Straße von Guarda nach Tomar laufen, begeistert über die gelbe, blaue, rote Artenvielfalt. Wir standen staunend vor den großen weißen, purpurgründigen Blütenmeeren des Landanstrauchs, die sich bis zum behäbig fließenden Tejo ins Tal hinziehen. Wirst du je wieder laufen können?

Hoffnung

Du machst es mir leicht. Heute zeigst du mir, wie du einen Finger der gelähmten Hand um Millimeter bewegen kannst. Es kommt Hoffnung auf. Du berichtest mir, daß du deutlich gemerkt hast, daß das endgültige Loslassen dieser Welt noch nicht von dir gefordert wird und du den Auftrag fühlst, dich wieder zu erheben. Von wem? Warum? Du lächelst: »Das weiß ich nicht. Ich weiß nur, daß es so ist.«

Ich brauche Kraft, um dir zu helfen in dem nun beginnenden Kampf, sich fallenlassen zu wollen vor Erschöpfung und immer wieder zu probieren, Bein, Arm, Hand und Hirn zu aktivieren. Es geht auf und ab, ab in tiefe Depression und auf in schmale Hoffnung. All dieses Ringen geschieht in einem Krankenhauszimmer mit zwei Betten, geschieht in der großen Unruhe eines Hospitals, in dem wir uns arrangieren müssen mit den Besucherströmen am Nachbarbett, mit den das Bett richtenden Schwestern, mit bedeutungsvoll blickenden Ärzten. Ich tausche das Gummiweißbrot mit Vollkornschnitten und bringe dir ab und zu Eßbares, das du magst und dir bekommt. Manchmal betrete ich das graue Marienhospital mit Widerwillen. Jeden Tag der Fahrstuhl, die Gänge, die Patienten, die Besucherströme, und ich bin immer wieder froh, wenn sich die Zimmertür von Raum 2, 5. Stock, hinter mir schließt, ein Zimmer, in dem wir nie allein sein können.

Heute trifft mich eine Überraschung. Du sitzt in einem Rollstuhl. Ganz langsam lernst du sitzen. Eine viertel Stunde, morgen eine halbe Stunde, und dann kommt der Tag, an dem ich dich auf den Flur, in den Krankenhaushof schieben darf. Wir versuchen einen heimlichen Abstecher in die Krankenhauskantine. Er ist wie ein Aufbruch in eine neue Welt. Ich stelle dich im Rollstuhl an einen Tisch, hole zwei Portionen Eis, und du balancierst mit der linken Hand den Löffel. Zum ersten Mal lachen wir wieder. Es ist, als säßen wir in einem Café auf der Königsallee. Wir fühlen uns für Minuten so, als ob wir uns aus dem Rollstuhl erheben könnten. Die Angst, das Sahneeis könnte den Cholesterinspiegel steigen lassen, ist zerbrochen. Als die Schwestern dich aus dem Stuhl ins Bett heben, bist du erschöpft, am Ende aller Kräfte, am Anfang der untersten Stufe zu einem Aufstieg.

Verlegung

Heute betritt der Professor das Zimmer 2 mit einem besonders wesentlichen Gesicht. Ich muß nicht vor die Tür. Er sagt zu uns: »Wir wollen jetzt eine Rehabilitationsklinik suchen.« Dann blickt er von einem zum andern und sagt: »Sie beide haben es geschafft. Jetzt sollen sich Experten bemühen, ihn wieder auf die Beine zu stellen.« Fast beschwingt verlasse ich das Marienhospital. Wir entscheiden uns für eine Rehabilitationsklinik in Bad Berleburg. Es gelingt mir, ein Zimmer für die kommende Woche zu erhalten. Noch einmal gilt es, den Kampf aufzunehmen gegen Schwäche und Depression, die mit dem näherrückenden Verlegungstermin wachsen. Es ist mir glasklar, was uns bevorsteht, wenn es nicht gelingt, wieder auf die Beine zu kommen – ein Rollstuhlleben. Ich denke und überlege, was es für den Alltag bedeutet. Wie sind die Treppen zu und in unserem Haus zu überwinden? Wie wird der seelische Zustand sein? Merkwürdig, ich habe das Empfinden zu wachsen, je massiver die Schwierigkeiten sich aufstellen. Es ist wohl die weibliche Lebenskraft und Energie, die uns schwaches Geschlecht länger leben läßt. Wir Frauen sind diejenigen, die mit Leben und Tod vertrauter, gekonnter umgehen. Wir würden uns niemals stark fühlen, wenn wir im Turm eines Panzers als Kommandant stünden, weil wir um seine Verletzbarkeit wissen. Aus uns wird schmerzvoll der Mensch. Es sind nicht die männlichen Frauen mit den harten Gesichtern und lauten Worten, nicht die Zigarillos rauchenden, die in dieser Welt mehr zu sagen haben sollten. Es sind wir ganz weiblichen Wesen, die stets, wenn es ernst wird, mit kleinen Händen, mit Charme und Selbstverständlichkeit Erbrochenes beseitigen, Pos abwischen und Rollstühle bewegen. Während du mit dem Krankenwagen in die Rehabilitationsklinik gebracht wirst, werde ich vom Bergischen Land aus nach Bad Berleburg zur Klinik fahren, damit ich schon da bin, wenn du ankommen wirst.

Ein gutes Team

Wir sind in allen Tagen ein gutes Team gewesen. Ich sitze an deinem Bett. Du bist von der Überführung sehr geschwächt. Ich bin beruhigt, daß du gut aufgehoben bist; die sicheren Schwestern mit Charme und kleinen Händen leisten ihren Dienst mit liebevoller Selbstverständlichkeit. Wir besprechen den weiteren Verlauf. Ich muß nach Hause zurück. Jeden Abend um 19.15 Uhr werde ich anrufen. Am Wochenende besuche ich dich. Wir waren immer ein gutes Team. Weißt du noch, wie du vom Südwestfunk beauftragt wurdest, über die große Flutkatastrophe in Holland zu berichten? Ich fuhr als sehr junge Rundfunktechnikerin mit. Wir mußten schreckliche Bilder ertragen, als wir in einem Motorboot durch die Fluten hinter den gebrochenen Deichen fuhren. Wir sahen um Hilfe winkende Menschen auf Hausdächern. Mit aufgetriebenen Leibern schwimmende ertrunkene Kühe, Pferde, Hunde und Katzen trieben vorbei. Ich weiß noch, wie die Begleiter von Radio Hilversum uns als deutsche Reporter nach dem Krieg in den Niederlanden zuerst kühl und reserviert behandelten, bis deine bescheidene Art, deine zupackende Weise zu berichten das Eis brachen und wir von den Kollegen der anderen Länder gleichberechtigt freundschaftlich aufgenommen wurden. Nie werde ich vergessen, daß ich als sehr junge Frau damals auf einer der Fahrten in das Einsatzgebiet ein dringendes menschliches Bedürfnis verspürte, und als ich endlich den Mut faßte, es den niederländischen Kollegen zu sagen, man erschrocken anhielt, und als ich zurückkam, ein Holländer höflich fragte: »Chat's chelungen?« Dieses »Chat's chelungen?« wurde für alle schwierigen Verrichtungen in unserem Leben das bleibende Schlagwort.

Telefonate

Es ist gut, daß ich nicht mehr täglich nach Düsseldorf fahren muß. Es ist viel Arbeit im Haus liegengeblieben. Bei der Arbeit denke ich: Wie wird es weitergehen? Wie wird ein Mann wie du mit immer neuen Initiativen, mit Verantwortung, ohne Termine leben können? Wird er es ertragen, nicht mehr gefragt zu sein? Wird ein so sensibler Mensch nicht verzweifelnd depressiv werden?
Die graue Katze hat von »Graf Lambsdorff« drei junge Kätzchen bekommen. Sie hat sie in der äußersten Gartenecke unter Tannenreisig versteckt. Ich berichte dir abends am Telefon darüber. Die Gespräche, die wir führen, sind unterschiedlich. Du versuchst mich aufzurichten, indem du von kleinen Fortschritten erzählst, daß du z. B. die Tasse greifen und sie für Sekunden heben kannst. Morgen wirst du zum ersten Mal in den Speisesaal gefahren. Aber ich empfinde auch, wie du unter der Klinikatmosphäre leidest, unter der Schlaganfallwelt, unter dem totalen Ausgeliefertsein an die Hilfsbereitschaft anderer. Ich schlafe schlecht. Ich habe bedrückende Träume. Ich irre in schräg aufsteigenden Treppenhäusern umher, und als ich ganz oben bin, fehlt das Geländer, und ich stürze ab.

Wochenende in der Klinik

Samstag fahre ich nach Bad Berleburg. Es ist ein grauer Apriltag. Hinter Hilchenbach kurvt die Straße steil auf nach Erntebrück. Schmutzige Schneereste liegen zur Rechten und Linken. Ich fühle mich sehr allein in dem Fahrzeug. In Berleburg geht es rechts ab zum Klinikgelände. Die ersten Rollstühle begegnen mir. Die Insassen sind in Decken gehüllt. Es ist neblig-kalt. Ich fahre auf den Parkplatz am Rand des Klinikgeländes. – Ach so, die Blumen. Und wieder ein Eingang mit einer weißen Gestalt hinter der Pforte. Ich habe ein schickes Kostüm an. Ist es nicht zu schick? Ich muß vorbei an einer Gruppe Rollstuhlfahrer, die apathisch in einem Vorraum sitzen. Einer hängt eingenickt in seinem Fahrgestell. Ich gehe schneller in den Zimmergang. Ich öffne die breiten, rollstuhlgerechten Türen zu deinem Zimmer. Ich bin da. Es wird ein gutes Wochenende. Wir sprechen über seltsame Dinge. Du berichtest über den hauchdünnen Schleier, der unsere Welt von derjenigen trennt, in die wir zu gehen haben. Wir stellen fest, daß es Übergänge gibt, die uns helfend zur Seite stehen, in der Natur, in dem Antlitz der Menschen. Es ist aufkommendes und verdämmerndes Licht, es sind der Charme, der Glanz in einem Gesicht. Wir bemerken, daß dieser reine Glanz immer seltener wird in unserer Zeit, daß die Maskengesichter immer mehr zunehmen. Im Gesicht der jungen Lernschwester, die den Kaffee bringt und nach Zigarettenrauch riecht, ist der Glanz schon zerbrochen. Um 19 Uhr verabschiede ich mich bis zum Sonntagmorgen. Ich habe mir ein Zimmer in Bad Berleburg genommen.

Am Sonntag strahlt eine Vorfrühlingsonne vom Himmel. Die Terrassentür in deinem Zimmer ist geöffnet. Ich schiebe deinen Rollstuhl ins Freie. Es ist, als wären wir auf unserem Ferienbalkon am Hallstädter See, könnten uns gleich erheben, um auf dem Seeweg nach Hallstadt zu wandern. Statt dessen fahre ich dich auf Klinikgängen im Rollstuhl zum Speisesaal und empfinde die schwere Bedrückung, die sich auf dich legt, sobald du dein Zimmer verlassen mußt und in die Welt der Schlaganfälle aller Schweregrade kommst, zu den in Rollstühlen, an Krücken sich bewegenden Menschen, deren Gesichter von einer Sekunde zur anderen entgleisten, deren Münder nun schief herunterhängen, deren Arme schlaff im Schoß liegen, der Frauen und Männer, die laufen, lachen und reden konnten wie du und ich, bis in ihrem Hirn ein Äderchen platzte, unerwartet, unvorbereitet. Schlag!

Nach dem Essen passe ich deinen Rollstuhl ab, und wir fahren zurück in dein Zimmer. Du sagst sehr ruhig: »Ich halte durch. Keine Angst.« Dann sprechen wir über die wundervollen Chancen, die wir trotz allem in unserer Welt haben, daß wir jeden Augenblick ganz genau wissen dürfen, ob wir uns zu etwas Gutem oder Schlechtem entscheiden. Am Nachmittag fahre ich weg. Lerne Abschied nehmen. Heute fällt es mir besonders schwer.

Abendgespräche

Unsere abendlichen Telefongespräche sind angefüllt mit Erfolgsmeldungen. Du sagst: »Ich habe es geschafft, mit der gelähmten Hand einen Nagel zu greifen. Ich habe mich an der Bettkante in den Stand gezogen.« Es sind alles ganz kleine Vorgänge, aber für uns sind sie weltbewegend. Du berichtest mir, daß neben deiner Klinik, durch Wege verbunden, eine weitere Klinik für Herzinfarktkranke liegt und daß du die Patienten dieser Rehabilitationsstätte von deinem Zimmer aus spazierengehen siehst. Sie können laufen. Sie lachen. Sie gehen in Gruppen. Welch ein Unterschied gegenüber uns erbarmungswürdigen Schlaganfällen. Obwohl ein Herzinfarkt ebenso lebensgefährlich ist, verändert er nicht die Bewegungsfähigkeit, die Haltung des Menschen, lähmt er nicht Gliedmaßen und verzerrt Gesichter, greift er nicht so bedrohlich in die Menschenwürde ein. Ich berichte dir von der Anteilnahme deiner Freunde und Kollegen. Ich berichte von Charly und daß ich die jungen Kätzchen durch die Vermittlung der Katzenhilfe geimpft und katastererfaßt in gute Hände geben konnte. Ich erzähle Dinge, die dich früher nie interessiert haben, zum Beispiel, daß ich mir die Haare waschen muß. Und wieder ist eine Woche vorüber, und ich starte nach Berleburg.

Im Rollstuhl

Der Mensch ist schon ein eigenartiges Wesen. Ich habe mich an die Bilder des Elends in der Klinik fast gewöhnt. Ich glaube, daß wir Frauen der Hilflosigkeit verbundener sind. Ich bin bereit, das Grauen anzunehmen, während ich fühle, daß dich deine Behinderung in der Umgebung der gebrochenen Menschen belastet, vor allem dann, wenn ich als nichtbehinderter, gesunder Mensch dazukomme. Ich muß dir irgendwann ganz vorsichtig klarmachen, daß mir deine Behinderung nichts, gar nichts ausmacht. Heute fahre ich dich auf deinem schmalen, gepflasterten Höhenweg von der Klinik weg, vorbei an einem kleinen Waldstück, vorbei an ins Tal abfallenden Wiesen. Es strengt mich schon sehr an, den Rollstuhl zu schieben. Werde ich ihn ein Leben lang schieben müssen? Wir rasten an einer Bank. Kurz. Es ist kühl. Patienten der Infarktklinik lärmen locker ausschreitend vorüber. Sie lärmen, weil es Damen und Herren sind. Das Spätnachmittagslicht wird fahl. Wir kommen uns sehr einsam, verloren vor mit dem Rollstuhl auf dem Weg. Wir haben plötzlich das Gefühl, ganz allein – du, der Rollstuhl und ich – in dieser Welt zu sein und ganz aufeinander angewiesen.

Der Wandel

Von Woche zu Woche geht ein millimeterfeiner Wandel mit dir vor. Du stellst andere Fragen. Du wirst ruhiger, durchsichtiger. Du arbeitest mit einer stillen Energie an dir selbst. Du trainierst deine gelähmte Hand mit zäher Geduld. Du stärkst die Muskulatur des gelähmten Beines. Du bist in ständiger Zwiesprache mit dir. Ich habe das Empfinden, daß du unsere bisherige Welt losläßt und dich einem Sein zuwendest, das ich noch nicht erkennen kann. Nimmst du mich mit? Du fragst nicht mehr nach den Vorgängen im Naturschutz, nach dem Staatssekretär, nach dem Südwestfunk. Du hast dich ausgesöhnt mit den schiefen Mündern, aus denen Speichel läuft, den in Rollstühlen hängenden Schlaganfällen. Du meidest sie nicht mehr, du fühlst dich als einer von ihnen. Du kannst ganz still sitzen und in das Strauchwerk vor deiner Terrasse blicken, und du hast ein wissendes, helles Gesicht dabei. Es ist mir, als ob wir ganz unauffällig, millimeterweise näher zusammengefügt werden, als ob das tiefe Leid uns freundlich einhüllt.

Es ist wie ein Wechselbad, die Wochenenden in der Klinik und das Zu-Hause-Sein mit den alltäglichen Pflichten und den Gedanken. Trotzdem empfinde ich, mit allem, was auf mich zukommt, fertig werden zu können. Ja, ich habe die gute Gabe zu verzichten, um Neues, anderes zu gewinnen. Alles hängt von der Einstellung ab. Vielleicht können wir nicht mehr verreisen. Vielleicht werde ich lernen müssen, nicht mehr so schnell und flott zu laufen. Vielleicht werde ich nicht mehr im Auto neben dir Platz nehmen, um mich fahren zu lassen. Vielleicht werden wir kaum noch Gäste haben und viel mehr allein sein. Manchmal ertappe ich mich dabei, eine solche Entwicklung gut zu finden. Ich bedauere Menschen, die sich quälend schwertun, wenn sie von Gewohnheiten Abschied nehmen müssen. Vielleicht folge ich auch nur deinem Beispiel, den erzwungenen Wandel anzunehmen und in deinem noch mühevollen Streben zu erkennen, daß es voller Sinn und Hoffnung ist.

Grenzen

Es kommt der Tag, an dem du mir an zwei Armkrücken einige Schritte entgegenläufst. Es kommt die Stunde, in der du mir zeigst, wie du fünf Treppenstufen schaffst, und ich habe den Eindruck, daß es immer so weitergeht, daß du die Krücken wegwerfen und gelöst und flott wieder laufen wirst. Aber so ist es nicht. Der Schlag hat klare Grenzen gesetzt. Bis hart an die Grenzen heran kannst du dich üben. Dann ist es aus. Die Lähmung läßt das Bein wegknicken. Du kannst nur sehr langsam am Stock einige hundert Meter gehen, dann mußt du dich setzen. Du leidest unter einer Schreckhaftigkeit, die deine Arme und Beine ausschlagen läßt.
Es wird Frühling in Bad Berleburg. Schritt für Schritt kannst du mit einer Armstütze auf einem zartgrünen Waldweg bis zu einer Bank an meinem Arm gehen. Wir sind sehr dankbar. Dein Aufenthalt soll um zwei Wochen verlängert werden. Du schüttelst mit dem Kopf: »Danke. Ich habe die Grenzen erkannt. Ich werde zu Hause weiter trainieren. Außerdem habe ich Sehnsucht nach Charly, nach meinem Haus und nach einem neuen, stillen Leben.«

Zu Hause

Am Sonntag hole ich dich ab. Ich führe noch ein intensives Gespräch mit der Ergotherapeutin und dem Klinikpsychologen. Ich nehme ihre Ratschläge sehr ernst. »Helfen Sie Ihrem Mann nur, wenn er eine Verrichtung gar nicht ausführen kann!« Ich fahre dich nach Hause. Du wirst nie wieder Auto fahren können. Ich wundere mich, wie ruhig du alles hinnimmst. Ich habe einen Leihrollstuhl bereitgestellt. Du sagst: »Wir wollen auf ihn verzichten, von Anfang an. Es ist besser so.«

Es ist doch sehr schwer. Ich will immer wieder zufassen, wenn du dich aus dem Sitz in den Stand quälst, wenn dir beim Essen der Löffel aus der Hand fällt. Ich mache zu hastige Bewegungen und löse dein Erschrecken aus. Allmählich spielt sich alles ein. Ich helfe dir nur kurz, den Strumpf am rechten Bein auszuziehen, und trockne dir morgens nach der Dusche den Rücken und die Füße ab. Alles andere schaffst du allein. Wir sind ein gutes Team.

Bin ich ein Engel? Bist du ein Engel? Wir bemühen uns, das Nichtengelsein zu überwinden. Es kann mir alles nicht schnell genug gehen. Ich muß mich umstellen, mich daran gewöhnen, daß bei dir zwangsläufig alles sehr langsam läuft. Das ist für Engel 1 oft nicht leicht. Ich bin eine Frau, die sehr rücksichtsvoll Auto fährt. Engel 2 schimpft dann neben mir: »Deine übertriebene Rücksichtnahme bringt uns in Gefahr.« Außerdem kann ich – wie viele Frauen – schlecht einparken. Engel 2 bemüht sich, den Mund zu halten. Mit der Zeit wird alles besser, und wir werden wirklich zu Engeln ohne Flügel.

Nein, die kleinen Dinge kratzen uns nicht mehr. Was mich bewegt, sind die depressiven Phasen, gegen die du dich nur schwer wehren kannst. Sie überfallen dich und stellen das neue, stille Leben in Frage. Es sind verständliche Rückfälle in eine außenorientierte Welt, die es für dich nicht mehr gibt. Du mußtest den Vorsitz im Beirat bei der Höheren Landschaftsbehörde aufgeben. Du mußtest Abschied nehmen von Plänen, eine Sendereihe im Fernsehen mit dem Titel »Nach Jahr und Tag«, in der du gemeinsam mit deinem jahrzehntelangen Partner an die Drehorte der kritischen Filme von »Kein Platz für alte Leute« über »Ausverkauf der Natur« bis »Kehrtwende – Landwirtschaft ohne Gift« zurückkehren wolltest, um nachzufragen, wie es heute aussieht. Auch die Wetterlage, die dich tagelang im Haus einsperrt, kann zu Depressionen führen. Wir haben vereinbart, daß du ganz offen sagst: »Ich habe schreckliche Depressionen«, und wir haben erfahren, daß dieses offene Aussprechen hilft und wir gemeinsam die Schatten, die auf die Seele fallen, vertreiben können. Ich darf glücklich feststellen, daß die Häufigkeit der depressiven Zustände mit der Zeit zurückgeht. Es setzt ein Lösungsprozeß ein. Der Abschied vom nach außen orientierten Leben bringt die Hinwendung zum nach innen ausgerichteten Sein mit sich. Dieses Abschiednehmen muß man übend lernen. Ich bemühe mich, dir dabei zu helfen.

Die Ernährung

Eine weitere Sorge bedrückt uns. Es ist die Angst vor einer Wiederholung des Schlaganfalls. Wird das Adergeflecht im Gehirn halten? Ein Risikofaktor ist der Cholesterinspiegel. Mit ärztlicher Kontrolle bemühen wir uns, den Blutfettwert so niedrig wie möglich zu halten. Hier bin ich als Hausfrau gefordert. Wir haben die Risikofaktoren überprüft. Rauchen? Du hast es dir vor 35 Jahren abgewöhnt. Ich habe niemals geraucht. Bluthochdruck? Deine Blutdruckwerte sind normal. Übergewicht? Du wiegst bei 1,90 m Körpergröße konstant 80 kg. Diabetes? Ohne Befund. Streß? Er war zur Zeit des Schlaganfalls außergewöhnlich hoch und ist jetzt auf Null gesunken. Cholesterinspiegel? Er ist nach der heißumstrittenen Werteskala mit 300 zu hoch. Also müssen wir gegen die Fettstoffwechselstörung angehen. Meine Bibliothek über cholesterinarme Ernährung, Nährstofftabellen und Rezepte ist auf 1,20 m angewachsen. Sie brauchte nur einen Millimeter dick sein. Es steht in allen Schriften immer wieder das gleiche, und nach diesem gleichen richten wir uns. Meiden: Eigelb, Butter, fettes Fleisch, fette Käse- und Wurstsorten, den Verzehr von Fleisch einschränken, am besten ist es, eine fleischlose Ernährung anzustreben. »Ach, du lieber Gott, da lohnt es sich kaum noch zu leben!« Doch, es lohnt sich. Du darfst Gemüsegerichte, herrliche Salate, vegetarische Aufstrichpastete, Tofu, Naturreis, Hirse, Gerichte aus Vollkornwaren und aus Hülsenfrüchten essen. Du solltest kaltgepreßte, nicht raffinierte Pflanzenöle zu dir nehmen, die über hohen Gehalt an ungesättigten Fettsäuren verfügen, sowie ungehärtete Pflanzenfette und Margarine benutzen, die einen hohen Anteil solcher Öle enthalten. Magermilch, Sauermilch, Magerquark, fettarmer Frischkäse sind erlaubt. Wer zieht da ein Gesicht? Ich bemühe mich, alle diese Speisen besonders schmackhaft anzurichten. Es gibt ein Nahrungsmittelversandhaus für cholesterinarme Ernährung. Es ist die Firma Egle in 7914 Pfaffenhofen. Dort gibt es alles, vom Distelöl bis zur Gourmetpastete zu vernünftigen Preisen und einem korrekten Service. Oder ich kaufe in den Reformwarenabteilungen ein. Auf Nimmerwiedersehen Fleisch! Sehr empfehlenswert ist es, sich einen chinesischen Wok anzuschaffen. Er erlaubt es, alle Gemüsesorten schmackhaft in Distelöl mit einem Schuß Weißwein zu dünsten. Wir essen so oft aus dem chinesischen Topf, daß du behauptest, ich hätte schon leichte Schlitzaugen bekommen. Außerdem haben wir uns eine elektrische Körnermühle angeschafft. Sie ist hervorragend für das morgendliche Frischkornmüsli mit Obst – je nach Jahreszeit – geeignet. Charly, unser 17 ½ Jahre alter Hund, stellt die Ohren auf, wenn sie losknirscht. Er ist ein leidenschaftlicher Körnerfresser. Ist er wegen der guten Ernährung so alt? Ich darf hinzufügen, daß die Ernährungsumstellung uns nicht dazu gebracht hat, grüne Lodenmäntel und Wadenschützer zu tragen, und sie kein Mandat für die Grünen bedeutet. Ach so, was noch wichtig ist. Ich esse deine Kost selbstverständlich mit. Es wäre nicht gut, wenn auf meinem Teller neben dem Gemüse ein Kotelett läge. Was wir machen, wenn wir einmal unterwegs sind? Wir haben stets einen Reiseführer für Vollwertkost-Restaurants bei uns. Zuverlässige Auskünfte geben »Das Handbuch für den gesunden Urlaub. Vollwertig speisen auf Reisen« von Eberhard Cölle und Norbert Messing im Verlag NATÜRLICH UND GESUND erschienen sowie »Gesund speisen auf Reisen«, Restaurants mit Vollwertküche in Deutschland, Österreich und der Schweiz – von Elvira und Thomas Dopp, erschienen im Lichtwald-Verlag. Sollten wir einmal keine entsprechende Gaststätte finden, gehen wir zu einem Italiener mit herrlichen Salaten, Risottogerichten oder nehmen einen Fisch. In den Mittel- und Großstädten suchen wir ein chinesisches Restaurant auf. Nach der fettarmen Suppe schmeckt uns die gemüsereiche Fastenspeise der Buddhisten, die auf jeder chinesischen Karte zu finden ist, und denken dabei: Buddha kann sie nur ganz selten gegessen haben, sonst hätte er nicht so einen dicken Bauch gehabt.

So halten wir trotz der zu geringen Bewegung dein Gewicht und senken den Cholesterinspiegel auf natürliche Weise. Sollte er aber doch einmal zu hoch sein, setzen wir kurzfristig einen Cholesterin-Synthesehemmer ein, um die Neben-

wirkungen zu vermeiden. Die Erfahrungen meines Mannes sind, daß der Wirkstoff Simvastatin für ihn bekömmlicher als Lovastatin ist, das bei ihm Verdauungsbeschwerden verursacht. Hier sollte jeder Patient das für ihn geeignete Mittel herausfinden.
Zur Ernährungsumstellung habe ich noch etwas Wichtiges auf dem Herzen. Es gibt immer und überall Menschen, die sich fast beleidigt fühlen, wenn wir ihre Schweinelende oder ihre Sahnetorte zurückweisen müssen. »Also, ein Stück kann doch nicht schaden« – »Es gibt doch Tabletten, die alles ausgleichen« – »Einmal ist keinmal gesündigt« und wie die Sprüche alle heißen, die wir ständig hören müssen. Ich meine, jeder sollte die Ernährungsentscheidung des anderen respektieren und sich bemühen, sie ihm leichtzumachen, besonders wenn sie aus gesundheitlichen Gründen getroffen wird.

Bekenntnis

Ob ich allein ausgehe oder etwas unternehme? Nein, ich habe nicht das Bedürfnis, obwohl du mich ständig drängst, einmal ins Konzert oder ins Theater zu gehen. Ja, ich habe nicht einmal Lust zu einem Stadtbummel allein. Es fehlt mir auch nichts. Ich erinnere mich, daß ich als junges Mädchen, wir waren noch nicht verheiratet, einmal – du warst damals am Theater als Charakterspieler engagiert – auf der Beleuchterbrücke stehen und mir den letzten Akt von Büchners »Dantons Tod« ansehen durfte. Ich blickte schräg von hoch oben auf die Szene hinab und hörte den schrillen, anklagenden Schrei der verzweifelten Lucile über den Guillotineschlag auf den Nacken ihres Geliebten, sah, wie sie sich langsam vom Bordstein der Gasse erhob, die Arme fallenließ, und hörte sie die Worte sagen: »Das hilft nichts, da ist noch alles wie sonst, die Häuser, die Gasse, der Wind geht, die Wolken ziehen« – und dann ganz schlicht, ganz einfach: »Wir müssen's wohl leiden.« Dieses sanfte »Wir müssen's wohl leiden« hat sich mir damals wie ein helfendes Sichergeben in alles Leid dieser Welt tief eingeprägt, und als Lucile in einer Menge von Republikanern rief: »Es lebe der König!«, um ergriffen zu werden und ihrem Geliebten auf die Guillotine zu folgen und sein Schicksal zu teilen, habe ich auf der Beleuchterbrücke geweint. Ja, es lebe der König! Ich will auch dein Schicksal teilen.

Die Stille

Es ist still bei uns geworden, eine greifbare, intensive Stille herrscht. Selten kommt ein Freund. Wir gehen jeden Tag – Schritt für Schritt – eine halbe Stunde an die Luft, wenn es das Wetter erlaubt. Ich fahre uns mit dem Auto auf die Höhen des Bergischen Landes. Wir haben uns ebene Wege ausgesucht. Ich helfe dir aus dem Fahrzeug. Wir laufen etwa 800 bis 1000 m und gehen den gleichen Weg zurück. Heute parken wir an den uralten Birnbäumen. Der Weg erlaubt uns befreiende Blicke in das Naafbachtal. In einigen Jahren soll hier eine Trinkwassertalsperre das noch zusammenhängende, 48 km weit ökologisch intakte Gebiet mit seltenen Tier- und Pflanzenbiotopen überspülen. Ich weiß, wie du gegen diesen Plan gekämpft hast, weil dieses Land am Rande des Ballungsraumes Köln-Bonn einen unersetzlichen Naturwert darstellt. Diese Talsperre wird nicht gebraucht, nachdem die große Dhünntalsperre vollgelaufen ist. Aber was bedeuten der Wasserwirtschaft ein Bachtal, Pflanzen, Schmetterlinge, Kleinlebewesen? Blicke über Wälder und Höhen, die unsere Seele lösend befreien? Sie werden Baggern und Wasser, das man verkaufen kann, preisgegeben. Geplant ist geplant. Lerne Abschied nehmen.

Wir haben uns etwas Neues ausgedacht. Wir machen uns einen Bänkeplan. Wir zeichnen auf einer Karte an Waldrändern und Ausblicken aufgestellte Bänke ein. Das gibt uns die Möglichkeit, mit Sitzpausen größere Strecken zu gehen, und wir entdecken mit Freude Park- und Kuranlagen, die naturnah angelegt und durch Bänke und Sitzplätze für Gehbehinderte geeignet sind. Zweimal ist es uns passiert, daß wir unseren Bänkeplan korrigieren mußten. Die eingezeichnete Bank war einmal aus der Verankerung gerissen und ein andermal mutwillig zerschlagen worden. Warum ziehen Bänke in der Landschaft Gewalttäter an? Warum gibt es Menschen, die gedankenlos zerstören müssen? Sie gehören zum Plan der Friedlosigkeit, die niemals endet in dieser Welt.

Blick in die Wetterecke

Du sitzt auf deinem erhöhten Drehsessel und blickst aus dem breiten Fenster, an den drei Lärchen vorbei in die Wetterecke nach Westen. Niemals früher, vor deinem Schlaganfall, hättest du dir die Zeit genommen, die Wolken anzusehen, die sanften oder die sich auftürmenden Gebilde mit ständig sich wandelnden Formen, Gesichtern und geisterhaften Fingern oder beruhigenden, treibenden Lämmerherden. Du teilst mir mit, daß alle Vögel, selbst die ganz jungen, alte Gesichter haben. Es kommt durch die herabgezogenen Schnabelwinkel. Wie kann man so munter und leicht auffliegen und so alt und zerknirscht dreinblicken? Wir finden uns sehr langsam damit ab, daß wir am sogenannten Leben nicht mehr teilnehmen können. Weichen wir in die Wolken- und Vogelgesichterwelt aus? Machen wir uns selbst etwas vor? Ist es nur eine armselige Ersatzbefriedigung? Nicht mehr teilnehmen können an Theater, Konzerten, Veranstaltungen? Vor der Tür bleiben zu müssen bei Diskussionen, weil die Erregung für die Blutgefäße im Gehirn gefährlich werden könnte? Ist der Verlust an Geltung, das Verlieren der kleinen Macht tödlich? Wir sprechen über dein Protokoll eines Schlaganfalls, das du aufgeschrieben hast. Du sagst plötzlich, weiter in die Wetterecke blickend: »Sein Inhalt muß so stehenbleiben, aber ich bin ein Stück weiter. Ich habe das Empfinden, daß ich mir manchmal leid tue, weil ich von einem Schlaganfall betroffen wurde. Ja, ich tue mir zu leid. Ich nehme den Schlag als schrecklichen Eingriff. In Wahrheit ist er Hinweisung auf Selbstfindung. Erst wenn wir ganz ergeben annehmen können, was uns geschieht, fallen Geltungsdrang und Machtstreben von uns ab, können wir, auch wenn wir nicht mehr zu laufen vermögen, frei gehen, wohin wir wollen, und sinnend in die Wetterecke blicken.«

Alltag

Der Alltag beherrscht wieder alles. Auch deine schwere Behinderung ist Alltag geworden, so als ob sie schon immer da war. Der tägliche Ruf zu meiner jetzt 90 Jahre alten Mutter ist mühseliger geworden, ihr Kurzzeitgedächtnis fällt immer häufiger aus. »Graf Lambsdorff«, der graue Kater mit dem intelligenten Gesicht, kommt nicht mehr. Die beiden Katzendamen sind für ihn uninteressant geworden. Ich habe es geschafft, eine nach der anderen einzufangen und sie bei einer Ärztin kastrieren zu lassen. Sie sind jetzt sehr anhänglich geworden. Immer wenn ich mit Charly auf die Gasse gehe, begleiten sie uns die Straße entlang, schlüpfen unter den Zäunen hervor und kreuzen unseren Weg, bis sie uns bei der Rückkehr schon an der Treppe zu unserem Haus erwarten. Die Nachbarn freuen sich über das Schauspiel und messen mir die Kräfte eines Rattenfängers von Hameln zu. Charly läßt sich als alter, reifer Hund von den Damen hofieren. Das Impromptu op. 142 ertönt sehr selten in unserem Haus. Ich finde einfach die Zeit nicht. Das Kochen, das Einkaufen, der Garten, die Pflegemaßnahmen, das Autofahren, das Erledigen der Post brauchen meine ganze Energie. Ob ich mir ein neues Kleid zuschneide? Ja, ich lege noch immer großen Wert darauf, schick auszusehen, und du willst es auch. Wir bemühen uns, einander den Alltag leichtzumachen. Es sind uns ein paar wenige gute Freunde geblieben. Ganz von allein hat sich die Spreu vom Weizen getrennt. Wir treffen sie einzeln, da du eine größere Ansammlung von Menschen schlecht vertragen kannst. Ach ja, ich habe noch eine Cheffunktion, in die du mir nicht hineinredest. Ich strahle sehr verhalten in unsere Familie aus. Ich bin einfach – wenn erwünscht – zu jeder Zeit da, für meine beiden Töchter und für meinen Sohn, für die Schwiegersöhne und bin da für unser Enkelkind.

Du sagst: »Ich mache mir Sorgen, daß du einmal ausfallen könntest. Was geschieht dann?« Ich antworte: »Bis dahin haben wir Abschied nehmen gelernt.«

Nachwort

In dem Abschnitt »Post ist da« auf Seite 40 dieses Buches habe ich zwei Sätze geschrieben, deren Inhalt nicht stimmt. »Kriege wird es weniger geben, und der Krieg mit Waffen hat kaum Zukunft.« Hier habe ich leider geirrt. Der Golfkrieg hat, während ich die Protokolle meines Schlaganfalls aufschrieb, diese meine Meinung korrigiert. Ich bitte um Verzeihung, daß ich auch nur für wenige Sekunden annahm, die Menschheit sei reifer geworden, sei in der Lage, ihre Konflikte ohne Waffen- und Bombengewalt auszutragen. Was ich in diesem Zusammenhang über den Professorenkrieg, über das Zweckforschen mit seinen Gefahren aussagte, wird durch den Krieg verstärkt bestätigt, von den Scud-Raketen, deren Flugzeit verlängert wurde, bis hin zu dem computergesteuerten Luftkrieg; hinter allem steckt irgendwo ein korrekt- oder mit einem weißen Kittel gekleideter Professor, der seinen persönlichen Interessen dient, seinem bißchen Macht, seinem Häufchen Selbstbestätigung, seiner persönlichen, finanziellen Unabhängigkeit.
Darf ich zum Schluß eine Bitte äußern: Sollten Sie irgendwo an einer Straßenkreuzung einer schmalen, kleinen Frau, die einen 1,90 m großen Mann stützend sehr langsam über die Straße führt, begegnen, warten Sie bitte in Ihrem Fahrzeug zwei, drei Sekunden geduldig – auch wenn die Fußgängerampel schon auf Rot gesprungen ist. Sie schaffen es nicht schneller.

Lebenskrisen · Lebenschancen

Jennifer Roth
Der Weg der Glückseligkeit
Meine Jahre in einer totalitären Sekte
Band 11081

Karin Rüttimann
Das geschenkte Jahr
Ein Abschied
Band 3267

Anemone Sandkorn
Das Signal oder Die Entfernung eines Knotens
Band 3298

Bea Schilling
Wiegenlied mit Spätfolgen
Aus dem Leben einer Co-Alkoholikerin
Band 3268

Beat Schliep
Von Arzt zu Arzt
Die Odyssee eines Kranken
Band 10749

Bernd-Joachim Schulz
Das hoffnungslose Leben der Anna M.
Bericht über eine Schizophrenie
Band 3255

Kathryn Seidick
Mit den Anforderungen wächst der Mut
Der Kampf einer Mutter um ihr schwerkrankes Kind
Band 3283

Lydia Stephan
Du hättest so gern noch ein bißchen gelebt
Band 3297

Rosmarie Stüssi
Aufzeichnungen aus dem Leben mit einem blinden Kind
Band 3295

Monika Weber
Die dunkle Seite meines Lebens
Überwindung einer Selbstzerstörung
Band 3285

Laure Wyss
Ein schwebendes Verfahren
Mutmaßungen über die Hintergründe einer Familientragödie
Band 3526

Fischer Taschenbuch Verlag

fi 26/1d